T0145580

CONFÉRENCES SUR
LA DESTINATION DU SAVANT

FICHTE EN POCHE
À LA MÊME LIBRAIRIE

L'initiation à la vie bienheureuse ou la doctrine de la religion, traduction et notes P. Cerutti, J.-Ch. Lemaitre, A. Schnell et F. Seyler, présentation A. Schnell, 2013

BIBLIOTHÈQUE DES TEXTES PHILOSOPHIQUES

Fondateur H. GOUHIER   Directeur J.-F. COURTINE

J. G. FICHTE

CONFÉRENCES SUR LA DESTINATION DU SAVANT (1794)

Introduction historique, traduction et commentaire
par
Jean-Louis VIEILLARD-BARON
Professeur émérite à l'Université de Poitiers

Seconde édition corrigée

PARIS
LIBRAIRIE PHILOSOPHIQUE J. VRIN
6, Place de la Sorbonne, V e
2016

© *Librairie Philosophique J. VRIN*, 1990, 2013, 2016
Imprimé en France
ISSN 0249-7972
ISBN 978-2-7116-2673-1

www.vrin.fr

ÉDITIONS DES ŒUVRES DE FICHTE CITÉES

Sämmtliche Werke, herausgegeben von J. H. FICHTE, Berlin, 1845-1856; tomes I à VIII; cité *S. W.*

Werke, Auswahl in sechs Bänden, herausgegeben und eingeleitet von Fritz Medicus; cité Medicus.

Nachgelassene Schriften, herausgegeben von H. JACOB, Berlin, 1937, Bd II.

Gesamtausgabe der Bayerischen Akademie der Wissenschaften, herausgegeben von R. LAUTH und H. JACOB, Band I, 1; I, 2; I, 3. cité *G. A.*, C'est à cette édition de référence que renvoient les indications des pages en marge de la traduction.

TRADUCTIONS

De la Destination du Savant et de l'Homme de Lettres, trad. M. NICOLAS, Paris, Ladrange, 1838.

Considérations destinées à rectifier les jugements du public sur la Révolution française, précédées de la *Revendication de la liberté de penser auprès des princes de l'Europe qui l'ont opprimée jusqu'ici*, trad. et introd. J. BARNI, Paris, Chamerot, 1859; rééd. Paris, Payot, 1974.

Œuvres choisies de Philosophie Première, Doctrine de la Science (1794-1797), trad. A. PHILONENKO, Paris, Vrin, 1964.

Fondement du droit naturel, trad. A. RENAUT, Paris, P.U.F., 1984.

Le Système de l'éthique, trad. P. NAULIN, Paris, P.U.F, 1986.

Essai d'une critique de toute révélation (1792) et textes annexes, trad. J.-Ch. GODDARD, Paris, Vrin, 1988.

Discours à la nation allemande, trad. A. RENAUT, Paris, Imprimerie Nationale, 1992.

La Destination de l'homme, trad. J.-Ch. GODDARD, Paris, GF-Flammarion, 1995.

Nouvelle présentation de la doctrine de la science 1797-1798, trad. I. THOMAS-FOGIEL, «Textes et Commentaires», Paris, Vrin, 1999.

Doctrine de la science Nova methodo, trad. I. THOMAS-FOGIEL, Paris, Livre de Poche, 2000.

Lettres et témoignages sur la Révolution française, textes traduits et édités par I. RADRIZZANI, Paris, Vrin, 2002.

L'Initiation à la vie bienheureuse, ou encore la doctrine de la religion, traduction sous la direction de P. CERUTTI, Paris, Vrin, 2012.

PUBLICATIONS SÉPARÉES

Fichtes Schriften zur Gesellschaftsphilosophie, II. Teil : *die drei Schriften über den Gelehrten*, herausgegeben von O. SPANN, Iena, Gustav Fischer, 1929.

Ueber die Bestimmung des Gelehrten, fünf Vorlesungen 1794, Stuttgart, Verlag Freies Geistesleben, 1959.

INTRODUCTION HISTORIQUE

LES ŒUVRES ANTÉRIEURES

Appelé à Iéna, Fichte y arriva le 18 mai 1794 au soir. Cinq jours plus tard, nommé docteur de la faculté de philosophie, il ouvrit son cours public. C'était le vendredi 23 mai, et la conférence eut lieu de 18 à 19 heures, au milieu d'un public aussi agité qu'abondant, comme nous l'indique la seconde lettre envoyée par Fichte à sa femme restée à Zurich[1]. Les conférences suivantes eurent lieu tous les vendredis : les cinq premières sont les *Quelques Leçons sur la Destination du Savant*, publiées pour la foire de la Saint-Michel de la même année, c'est-à-dire le 29 septembre 1794[2].

Fichte était déjà l'auteur de quelques ouvrages importants : le premier avait été l'*Essai d'une Critique de toute Révélation*, paru à la foire de Pâques 1792[3], sans nom d'auteur par suite d'une inadvertance de l'éditeur. « Cet accident », nous dit Xavier Léon, « fit à la fois la fortune du livre et la réputation de

1. *Leben und Briefwechsel*, I, p. 217 *sq.*
2. *S. W.*, VI, 292 (*Vorbericht*) ; *G. A.*, I, 3, 26.
3. X. Léon, *Fichte et son temps*, t. I, Paris, Armand Colin, 1922, p. 141 ; *cf.* R. Ayrault, *La Genèse du Romantisme Allemand*, Paris, Aubier Montaigne, 1976, t. II, p. 570-576.

l'auteur». En effet, Fichte dans ce texte appliquait aux problèmes de la croyance et de la révélation la méthode de la philosophie critique, et reprenait, à propos de la volonté, du règne des fins, les expressions mêmes et les raisonnements de Kant. L'ouvrage ne manqua pas d'être attribué à celui-ci qui démentit la rumeur. Ainsi la personnalité de Fichte entrait sur la scène philosophique fortement agitée de ces années où les ferments de la Révolution française avaient gagné l'Allemagne.

Un second coup de théâtre permit à Fichte de s'affirmer avec plus de force comme un «philosophe engagé». C'était le refus d'imprimatur fait à la deuxième partie de la *Religion dans les Limites de la Simple Raison* de Kant, en juin 1792. Or Fichte lui-même avait essuyé des difficultés de ce genre, avant la publication de son premier livre à Pâques de la même année. «Exaspéré, il résolut de faire un éclat», nous dit Xavier Léon[1]. Le fruit de cette explosion de colère, l'*Appel aux Princes pour demander la Restitution de la Liberté de Penser*, parut au début de 1793, anonymement. Le ton oratoire de cette œuvre polémique autant que la pensée manifestaient l'influence dominante des idées de Jean-Jacques Rousseau, à propos du contrat social, des droits aliénables et inaliénables de l'individu. Fichte jouait les prophètes d'une façon assez saisissante : l'épigraphe de son livre était la suivante, «Héliopolis, l'an dernier de l'ère des ténèbres» (1793); et il écrivait plus loin : «Si on arrête la marche de l'esprit humain, il n'y a que deux cas possibles : ou bien nous restons là où nous étions, ou bien, ce qui est de loin le plus vraisemblable, la force du mouvement de

---

1. X. Léon, *Fichte et son temps, op. cit.*, t. I, p. 131 ; R. Ayrault, *La Genèse du Romantisme Allemand, op. cit.*, t. I, p. 127.

la nature qui aura été comprimée fera explosion et détruira tout ce qui lui barre la route. L'humanité se venge cruellement de ses oppresseurs, les révolutions deviennent nécessaires »[1]. Ainsi on voit comment dans les deux textes parus jusque-là se juxtaposaient chez Fichte l'influence de la Révolution copernicienne et l'influence de la Révolution française.

Comment allaient-elles maintenant se conjuguer et se mêler l'une à l'autre ? On pourrait dire que tout le développement de la pensée de Fichte, du moins dans sa première période, jusqu'en 1801, est la réponse à cette question fondamentale. Dès 1792, en même temps qu'il rédigeait la *Demande en Restitution de la Liberté de Penser*, Fichte avait mis en chantier une œuvre d'une portée plus grande, tant au point de vue philosophique que politique, la *Contribution destinée à éclairer le jugement du public sur la Révolution Française*. L'intention polémique n'en était pas absente : l'auteur répondait avec la plus mordante ironie aux *Recherches sur la Révolution Française*, accompagnées d'un compte rendu critique des ouvrages les plus remarquables parus en France sur ce sujet, du conseiller Guillaume Rehberg[2]. Mais Fichte avait pour dessein principal de juger l'œuvre de la Révolution française au nom des principes de la Raison, comme il l'explique dans la longue introduction qui parut pour la foire du Jubilé, en 1793, accompagnée de la moitié du premier livre ; quelques mois plus tard, en février 1794, parurent trois nouveaux chapitres. Le texte restait inachevé, mais il n'en suscita pas moins de nombreuses réactions, plus ou moins

---

1. *S. W.*, VI, 6 ; *G. A.*, I, 3, 169-170.
2. *Cf.* résumé dans X. Léon, *Fichte et son temps, op. cit.*, t. I, p. 176-180.

violentes[1]. Plus important est pour nous le fait que Fichte montrait dans cette œuvre comment, à partir du copernicianisme entendu à sa manière, on pouvait édifier une philosophie de l'histoire permettant de porter un jugement éclairé sur les événements de l'actualité et la marche de l'humanité. Par là, et malgré un anonymat qui ne trompa guère, il devenait volontairement un ennemi du plus grand poids pour les défenseurs du trône et de l'autel acharnés à contrecarrer l'influence de la Révolution française en Allemagne.

D'autre part, en mai 1793, Fichte avait été chargé par Schütz, directeur du Journal Littéraire Universel d'Iéna, de faire le compte rendu de l'*Énésidème* de Schulze. Il se mit à la tâche à partir d'octobre 1793, donna son texte au journal en 1794; l'essai parut sans nom d'auteur. Dans une lettre à Baggesen, Fichte indique l'importance de l'*Énésidème* pour l'affinement de ses propres idées sous l'aiguillon du scepticisme[2]; ceci dit, les notions fondamentales de son système apparaissaient déjà fort clairement dans les deux écrits de 1793. L'*Énésidème* permit à Fichte de se dégager de toute interprétation psychologisante de la philosophie critique, et en particulier de l'influence de Reinhold auquel il devait succéder à Iéna.

Il faut mentionner enfin quelques articles philosophiques d'une importance moindre. Le *Compte Rendu des considérations sceptiques sur la liberté du vouloir*, ouvrage de

---

1. La *Demande en Restitution* n'avait pas eu le même succès; *cf.* Fichte à Reinhold, lettre du 1er mars 1794.

2. *Cf.* X. Léon, *Fichte et son temps, op. cit.*, t. I, p. 248, note 5; Medicus, *Fichtes Leben, op. cit.*, p. 62; résumé du texte dans M. Gueroult, *L'Évolution et la Structure de la Doctrine de la Science*, t. I, p. 134-145. La lettre date probablement de la fin 1793.

Creuzer, paru le 30 octobre 1793 dans le numéro 303 de l'«Allgemeine Literatur Zeitung»; le *Compte Rendu du livre de Gebhard sur la valeur morale tirée d'un bon vouloir désintéressé*, paru le 31 octobre dans le numéro 304 du même journal; la réponse au professeur Schmid à propos d'une «explication» de celui-ci qui s'était senti visé par les articles précédents; enfin les trois pages du discours *Sur la Dignité de l'Homme*, publié à l'intention des amis de Fichte qui avaient suivi ses conférences privées à Zurich, à la fin d'avril 1794.

Appelé à Iéna pour le semestre d'été 1794, malgré l'opposition des défenseurs du trône et de l'autel, Fichte se vit dans l'obligation, pour suivre la tradition, de publier «*eine Einladungschrift*», un écrit-programme dans lequel il exposerait le plan général ou le projet de ses cours. Or Fichte devait en partie sa nomination à Gœthe, qui avait écrit à Voigt, le curateur de l'université d'Iéna, le 27 juillet 1793: «Si Reinhold devait ne pas rester, un conseil aura lieu. Ayez donc l'œil sur le *magister* Fichte». L'appel de Fichte à Iéna dut être, dans ces conditions, considéré comme «un acte d'audace, un bel exemple de libéralisme»[1]. Et l'écrit-programme, en revanche, fut une œuvre d'occasion, située exclusivement sur le plan théorique, écrite d'un ton très modéré, avec au passage, quelques mots sur la valeur véritable des sentiments du poète… Comme le remarque Medicus[2], ce texte fut «rédigé en grande hâte et imprimé de même: avant l'arrivée de Fichte, il

---

1. X. Léon, *Fichte et son temps, op. cit.*, t. 1, p. 264. Sur ce point, Fichte était sceptique; *cf.* la lettre à Gœthe du 24 juin 1794.

2. Medicus, *Fichtes Leben, op. cit.*, p. 68; notons qu'à l'occasion de ses précédents livres Fichte avait déjà su faire sa publicité lui-même, avec un remarquable sens de la situation: anonymat plus ou moins intentionnel, publication lors de foires importantes, etc.

était déjà vendu à Iéna ». Dans ce résumé très dense et un peu énigmatique d'une pensée déjà maîtresse d'elle-même, Fichte avait en vue avant tout de frapper le lecteur, de l'intriguer, de façon à prendre avec éclat la succession de Reinhold qui avant lui avait eu un grand succès à l'université d'Iéna[1].

CIRCONSTANCES ET SIGNIFICATION DES *CONFÉRENCES*

Tel était donc le passé philosophique de l'auteur, telles étaient les circonstances dans lesquelles, le 23 mai 1794, il commença son premier cours public. Fichte raconte avec émotion son premier triomphe, dans sa lettre à sa femme du 26 mai. Herbert Blank nous l'explique ainsi : « Les conférences publiques s'adressaient aux étudiants de toutes les facultés. Les premières conférences | de Fichte furent si fréquentées que le plus grand amphithéâtre d'Iéna était trop petit ; les auditeurs remplissaient le vestibule, la cour, se tenaient les uns sur les autres sur les tables et les bancs : tableau qui s'était vu six ans auparavant à la leçon inaugurale de Schiller »[2]. Il n'est pas difficile de se faire une idée du nombre des auditeurs : en 1793, l'université d'Iéna avait atteint le nombre de 900 étudiants ; la ville contenait environ 8 000 habitants ; et la leçon inaugurale de Schiller, en 1789, avait eu 400 auditeurs. Fichte écrivait à ce sujet à Voigt : « Mes conférences publiques ont vu souvent une assistance d'environ

---

1. X. Léon, *Fichte et son temps*, *op. cit.*, t. I, p. 271-273.
2. Fichte, *Ueber die Bestimmung des Gelehrten*, Stuttgart, 1959, Nachwort, p. 69.

cinq cents auditeurs »[1]. L'éloquence et la conviction de Fichte comptèrent sans doute beaucoup dans l'impression qu'il produisit sur le public étudiant. Les conférences qu'il a publiées témoignent de ce talent oratoire, même si elles n'ont pas encore la « rhétorique flamboyante »[2] de la *Destination de l'Homme*; au reste, ce talent n'était pas inutile à Fichte dans la mesure où les sommes allouées à sa charge ne pouvaient lui suffire pour vivre, et où il devait attirer des étudiants à ses cours privés et payants, ce qu'il fit avec succès[3].

Dans le bref épilogue de l'écrit-programme *Sur le Concept de la Doctrine de la Science*, Fichte annonçait son cours public sous le titre de « *Moral für Gelehrte* », morale pour savants. Et le *Catalogus praelectionum* annonçait ce cours sous le titre équivalent latin, « *De officiis eruditorum* »; Fichte s'adressait donc à des étudiants prêts à se vouer à la philosophie, comme il le dit à la fin de sa première conférence. Et ceci peut éclairer à nos yeux le sens qu'il donnait à la « philosophie populaire ». Bien évidemment il ne s'agit pas de retomber au niveau des « *Popular-Philosophen* » qu'il raille au début de sa seconde conférence[4]. Ceux-ci sont les professeurs de philosophie trop paresseux pour tenter d'élaborer une réflexion qui leur tienne à cœur, et satisfaits dès qu'ils ont aligné quelques lieux communs tirés de ce qu'ils nomment leur bon sens. Sur ce point Fichte s'est expliqué à plusieurs reprises : « L'exposé scienti-

1. *Briefwechsel* (Schulz), I, 411, lettre n° 206 ; *cf.* G. Steiger, *Von Collegium Jenense zur Volksuniversität*, Fischer, Iéna, 1960, p. 39, p. 45.

2. A. Philonenko, *La Liberté Humaine dans la philosophie de Fichte*, Paris, Vrin, 1966, p. 123.

3. « Dès le 26 mai il comptait 35 élèves. C'était l'aisance assurée. », X. Léon, *Fichte et son temps, op. cit.*, t. I, p. 273.

4. *S. W.*, VI, 302; *G. A.*, I, 3, 34.

fique s'attend à rencontrer des esprits prévenus en faveur de
l'erreur, une nature spirituelle malade et déformée; l'exposé
populaire présuppose des auditeurs sans parti-pris et une
nature saine mais insuffisamment éduquée au point de vue
spirituel »[1]. La grande différence est donc que, dans ses œuvres
de philosophie populaire, Fichte considère son auditeur ou son
lecteur comme dénué de préjugés et par conséquent prêt à
accueillir la vérité si elle lui est présentée; dans l'exposé
scientifique au contraire, il est nécessaire de commencer par
une dialectique des différents systèmes et des différentes
erreurs possibles. Comme il le dit au début de la cinquième
conférence : « *Pour la découverte de la vérité*, la lutte contre
les erreurs… est d'un profit minime »[2]. Ainsi, dans ces
conférences, quoiqu'il parle à des étudiants, il les suppose
prêts à recevoir la vérité, sans préjugés; son exposé sera donc
plus explicatif et exhortatif que démonstratif. C'est volontairement que Fichte donne parfois l'impression de prêcher des
convaincus. Dans l'épilogue de l'écrit-programme, il disait :
« N'attendez pas de ces entretiens une science systématique;
ce qui manque au savant est plus souvent de l'ordre de l'action
que de l'ordre du savoir. Permettez plutôt que dans ces heures,
telle une société d'amis unis par plus d'un lien, nous nous
exaltions au sentiment de noblesse et d'ardeur pour nos devoirs
communs »

---

1. *S. W.*, V, 422-423; *G. A.*, I, 9, 47-49.
2. *S. W.*, VI, 325; *G. A.*, I, 3, 52.

LA FRANC-MAÇONNERIE DE FICHTE[1]

Il n'est pas inutile, pour comprendre le sens et la portée de ces conférences mieux qu'on ne l'a fait souvent[2], de les situer historiquement d'une façon concrète. Et de ce point de vue, un fait important dans la vie de Fichte doit retenir notre attention, son initiation à la franc-maçonnerie. Le 6 novembre 1794, c'est-à-dire trois semaines avant la publication de ces conférences, il avait été reçu à une loge de rite écossais, la loge « Günther au Lion debout : Rudolstadt », et il avait étudié les principes de l'Illuminisme dont Iéna était l'un des foyers. L'intérêt porté par Fichte à la franc-maçonnerie n'était pas neuf : dès 1792, il déclarait à Theodor von Schön, dans une lettre du 30 septembre, qu'il songeait à devenir maçon. La marque de la franc-maçonnerie sur la *Destination du Savant* est fort visible : des expressions comme « l'ami des hommes », « notre race de frères », « une société d'amis unis par plus d'un lien », l'insistance marquée sur les mots de « membres » (*Mitglied*), de « lien » (*Verbindung*), sur les « combats entre la lumière et les ténèbres » en témoignent[3]. Dans ses *Mémoires pour servir à l'histoire du jacobinisme*, parues quelques années après les conférences de Fichte, l'abbé Barruel signale comment l'Illuminisme gagne les loges maçonniques de Haute

1. Voir Fichte, *Philosophie de la maçonnerie*, trad. fr Fawzia Tobgui, introduction Ives Radrizzani, Paris, Vrin, 1995.

2. Exceptés MM. Lauth, *G. A.*, I, 3, introduction, et Philonenko, *op. cit.*

3. « Der Freund der Menschen », *S. W.*, VI, 308, *G. A.*, I, 3, 38 ; « unser Brudergeschlecht », *ibid.*, p. 300, p. 322, *G. A.*, I, 3, 35, 50 ; « eine Gesellschaft von Freunden, die mehr als Ein Band vereinigt... », *Begriff der Wissenschaftslehre*, § 8, *in fine*, p. 68 de la première édition, texte non reproduit dans les éditions ultérieures ; « Krieg des Lichts mit der Finsternis », *S. W.*, VI, 308, *G. A.*, I, 3, 38 ; « Band », *S. W.*, VI, 317 ; *G. A,* I, 3, 46.

et de Basse Saxe, et indique le retentissement jacobin et franc-maçon de l'enseignement fichtéen : « En Saxe, par exemple à Iéna, on souffre qu'un professeur enseigne à la jeunesse que les gouvernements sont contraires aux lois de la raison et de l'humanité ; et que par conséquent il n'y aura dans vingt, dans cinquante ou dans cent ans, plus de gouvernement dans le monde », et l'abbé ajoute, en bon défenseur du trône et de l'autel, que pour certains disciples de Kant l'« homme perfectionné, c'est l'homme n'ayant plus d'autres maîtres que lui-même, d'autre loi que sa raison ; c'est l'homme du *professeur d'Iéna*, l'homme de Weishaupt et de Babeuf »[1]. Il faut enfin signaler que certains passages du texte même des conférences sur la *Destination du Savant* servirent à Fichte pour faire des harangues lorsque, reçu en 1800 à la Loge Royal Yorke de Berlin, il eut été nommé Grand-Orateur le 23 mai. Devant faire à ce titre des conférences, il exposa ses idées le 13 et le 17 avril dans les termes mêmes des textes qu'il avait publiés[2].

On peut donc voir une convergence entre l'idéal de la franc-maçonnerie et la pensée selon laquelle tous les savants doivent rester unis par la doctrine et propager partout les mêmes idées[3]. Quant à la question débattue[4] de savoir si Fichte

1. Augustin Barruel, *Mémoires pour servir à l'histoire du Jacobinisme*, Hambourg, P. Faucher, tome V (et non IV, comme le dit par erreur X. Léon), p. 244-245 et p. 248 de l'édition de 1803. Nous soulignons.

2. Weishaupt, franc-maçon illuministe bavarois ; *cf.* X. Léon, *Fichte et son temps*, *op. cit.*, t. II, p. 30-42 ; Th. Von Reitzenstein, *Maurerische Klassiker*, I, zweite Band, lettres 50 et 60.

3. *S. W.*, VI, 300 ; *G. A.*, I, 3, 33.

4. Franz Baader et Schlegel se sont opposés sur ce point à Varnhangen von Ense, *cf.* X. Léon, *Fichte et son temps*, *op. cit.*, t. II, p. 57 ; sur le milieu franc-maçon et ses rapports avec la vie intellectuelle de l'époque en Allemagne, voir

a été influencé par la pensée maçonnique ou si au contraire il a voulu l'influencer, elle ne semble pas avoir grand intérêt, dans la mesure où la majorité des esprits éclairés de son temps étaient membres de la franc-maçonnerie et où par conséquent la limite entre la pensée franc-maçonne et la pensée tout court ne saurait être nettement marquée, surtout si l'on songe à l'influence profonde que le franc-maçon Lessing exerça sur tous les esprits. Assurément on peut penser que les groupements de cinq termes entre eux, nos cinq conférences par exemple, sont issus de la maçonnerie et il est sûr en tout cas que Fichte les a pratiqués très fréquemment et parfois très artificiellement. Quoi qu'il en soit, de telles hypothèses n'ajoutent guère à la compréhension profonde de la réflexion fichtéenne. En revanche, il est important de savoir que Fichte était prêt à adhérer à la franc-maçonnerie quand il prononça les conférences sur la *Destination du Savant* : ceci nous montre que certains aspects de la pensée qui s'y révèle ne sont pas uniquement le résultat de spéculations de cabinet, et qu'au contraire Fichte était désireux d'exercer une action véritable sur les esprits par sa philosophie. Adhérer à la franc-maçonnerie était un moyen pour exercer cette action, puisque tous les journaux philosophiques de l'époque étaient dirigés par des francs-maçons, la *Berlinische Monatsschrift* comme l'*Allgemeine Literatur Zeitung*.

J. D'Hondt, *Hegel Secret*, Paris, P.U.F., 1968, en particulier la troisième partie, «*Alliances*», où l'auteur, à propos du poème « *Éleusis* » de Hegel, souligne la richesse de l'inspiration maçonnique et son influence sur la pensée philosophique.

LES CIRCONSTANCES DE LA PUBLICATION

C'est un malencontreux concours de circonstances qui amena Fiche à publier ces leçons « sans y changer un seul mot », comme il l'affirme dans l'Avant-Propos. En effet, étant donné leur importance pour la bonne compréhension du système, il aurait souhaité pouvoir en améliorer l'expression tout à loisir. Mais il fut contraint de les publier très rapidement par une polémique qui se dressa contre lui.

En effet les défenseurs du trône et de l'autel qui avaient fini par admettre sa nomination à Iéna saisirent l'occasion des remous suscités par ses conférences pour attaquer le philosophe. Xavier Léon nous explique comment le conseiller à la cour, Krüger, répandit le bruit que Fichte déclarait publiquement et comme prophétiquement que d'ici vingt à trente ans tous les princes et les rois disparaîtraient. Prévoyant des calomnies, Fichte pouvait écrire à Gœthe à cette occasion : « Les quatre conférences publiques que j'ai faites jusqu'à présent et dans lesquelles je suis censé avoir dit des folies qu'on me reproche, je les ai, à bon escient et avec préméditation, écrites littéralement telles que je les ai dites et je les ferai imprimer au plus tôt littéralement sans y changer un mot »[1].

Ce premier incident fut vite dissipé et le gouvernement de Weimar ne s'en alerta pas. Mais c'est lui qui devait déterminer Fichte à publier son texte. Ainsi s'explique l'ironie cinglante avec laquelle il parle dans son Avant-Propos, des gens « qui ont leurs raisons pour que ce qui a été dit leur déplaise ». Mais Fichte ne s'arrête pas là. Convaincu, comme il l'écrivait plus

---

1. Cité dans X. Léon, *Fichte et son temps*, *op. cit.*, t. I, p. 296-297; *cf.* également p. 293 à 302 *in extenso*.

tard à Reinhold[1], que tout le monde avait les yeux fixés sur lui, il attaque, emporté par son ardeur polémique, tous les gens « incapables de s'élever aux idées », qui « exigent que toute publication puisse être utilisée comme un livre de cuisine, un livre de comptes, ou un règlement de service ». Or il semble bien que les gens « incapables de s'élever aux idées » ne se soient guère préoccupés des conférences publiques de Fichte ; ils se contentèrent sans doute de blâmer les agitations étudiantes qui troublaient « la paisible circulation de leurs humeurs ». Pourquoi Fichte saisit-il l'occasion pour les attaquer ? Sans doute à la fois par vanité et par susceptibilité personnelles, et par besoin d'affirmer, ce dont il était convaincu, que tout homme n'est pas capable d'être savant et de comprendre la *Doctrine de la Science*[2]. Déjà le titre de « Morale pour savants » donné à ce cours avait quelque chose de provocateur et de méprisant vis-à-vis des non-savants. L'Avant-Propos ne fait que confirmer cette prise de position[3].

La publication de ces conférences soulève un autre problème : on a pu en effet se demander de quoi traitaient les suivantes, puisqu'il ne s'agissait là que des cinq premières conférences du semestre d'été qui en comporta vraisemblablement un certain nombre d'autres. MM. Lauth et Jacob, dans l'introduction qu'ils donnent à ce texte dans leur grande édition

1. Lettre à Reinhold du 22 mai 1799.
2. M. Gueroult émet un avis opposé (Cf. *L'Évolution et la structure de la Doctrine de la science*, *op. cit.*, t. I, p. 40) : « Toute la grandeur de sa philosophie vient de ce que, pour aboutir, elle se déroule strictement suivant l'axe de la pure spéculation, sans se laisser infléchir un instant par la tyrannie des besoins purement affectifs. » La grandeur de Fichte nous semble être ailleurs.
3. La réaction des habitants d'Iéna fut la polémique plus grave organisée à propos des conférences du dimanche projetées pour le semestre d'automne par Fichte lui-même.

critique de l'œuvre de Fichte[1], pensent pouvoir affirmer que les trois conférences restées inédites sur la *Différence entre l'Esprit et la Lettre en Philosophie* faisaient immédiatement suite aux conférences sur la *Destination du Savant*. La cinquième de celles-ci terminait l'examen critique de la pensée de Rousseau par l'exhortation lancée à tous les savants de concourir à l'amélioration du genre humain par l'étude de ce que les hommes doivent être. Or la première des conférences sur la *Différence entre l'Esprit et la Lettre* commence ainsi : « Un savant doit acquérir entre autres connaissances une connaissance sûre de la philosophie. C'est sur ce point que nous voulons rester et nous arrêter quelque temps », ce qui est remplir la première partie du programme annoncé par Fichte dans la quatrième des conférences sur la *Destination du Savant*[2]. Pour ce faire, écrit Fichte, « J'ai voulu supprimer les préjugés dominants qui s'opposent à une étude fondamentale de la philosophie… J'aurais encore plus d'un préjugé contre la philosophie à ébranler et à rectifier ; mais je trouve que je conçois suffisamment tout ce qui règle l'étude de la philo-sophie, si j'ajoute quelques considérations sur la différence entre l'esprit et la lettre en philosophie ». La judicieuse hypo-thèse de M. Lauth et Jacob semble trouver sa confirmation dans l'étude d'un texte inédit de la *Deutsche Staatsbibliothek* (N° I, 33) sur la destination du savant, précédé de la mention « Première Conférence – semestre d'hiver », texte qui commence ainsi : « Le sujet de ces conférences est la

---

1. *G. A.*, I, 3, 6-10.
2. *S. W.*, VI, 326 ; *G. A*, I, 3, 53 : « la connaissance des dispositions et besoins de l'homme… se fonde sur des principes purs de la raison, et est philosophique. » Tous les textes cités *infra* se trouvent dans l'introduction de MM. Lauth et Jacob indiquée ; cf. *G. A.*, I, 3, 6-10.

destination du savant, comme la plupart d'entre vous le savent bien. C'est la destination de l'homme en général de se perfectionner à l'infini. Cette fin ultime est visée par toute association sociale entre les hommes. C'est la destination du savant de veiller sur ce progrès de la culture dans la société humaine, de le favori-ser et de lui donner sa direction. Pour le pouvoir, il doit tout d'abord savoir en quoi consiste la perfection du genre humain : il doit connaître toutes les dispositions et besoins de celui-ci ; et dans ce dessein il acquiert des connaissances philosophiques. Nous avons recherché ensemble dans le semestre précédent quelle serait la meilleure façon pour lui d'acquérir ces connaissances, et lesquelles seraient l'objet de ses soins les plus vigilants. – Le savant doit de plus connaître les moyens par lesquels ces dispositions sont développées, ces besoins satisfaits, et pour cela il a besoin de connaissances philosophico-historiques [*philosophisch-historisch*]. Il faut enfin qu'il sache avec précision à quel stade de la culture se trouve exactement son époque ; et pour cela il a besoin d'une connaissance simplement historique. J'aurai donc à dire dans ce semestre quelles sont les connaissances *historiques* appropriées que le savant a à rassembler. » Le semestre d'hiver, du moins dans son début, est donc consacré à la troisième espèce d'étude indiquée dans le programme de la quatrième conférence sur la *Destination du Savant.* Il semble donc bien que les trois conférences sur la *Différence entre l'Esprit et la Lettre en Philosophie* terminaient les aperçus proprement philosophiques des conférences publiques de Fichte, et que la fin du semestre d'été était consacrée à la philosophie de l'histoire, le semestre d'hiver portant, lui, sur les connaissances purement historiques nécessaires au philosophe.

Le retentissement immédiat de l'œuvre

§ 1. *Les rapports de Kant et de Fichte*

Une fois ces conférences publiées, Fichte en envoya un exemplaire à Kant, auquel il avait renvoyé ses auditeurs pour la philosophie théorique[1]. Dans sa lettre à Kant du 6 octobre 1794, il écrit en post-scriptum : « Je joins un exemplaire des cinq leçons qu'on m'a reprochées. Quant à moi, elles me paraissent au plus haut point insignifiantes, en tout cas pour le public. »

Fichte connaissait peu Kant[2], qu'il vit cinq ou six fois durant son séjour à Königsberg ; leurs rapports avaient été surtout épistolaires. L'étude de leur correspondance montre bien que les relations, heureusement commencées en 1791, devinrent assez lointaines par la suite : en 1793 et 1794, Fichte écrivit quatre fois à Kant ; mais celui-ci ne répondit qu'une seule fois, à propos de l'*Essai d'une Critique de toute Révélation* et fit dire un mot à Fichte par l'intermédiaire de Schiller dans sa lettre du 30 mars 1795.

Mais les lettres de Fichte à Kant présentent un réel intérêt dans la mesure où nous voyons le jeune disciple, pressé de remplacer le vieux maître, lui rendre hommage tout en marquant nettement son indépendance vis-à-vis de lui. D'autre part, Fichte indique ses projets à Kant et lui envoie ses différents écrits en lui demandant son avis à leur sujet.

---

1. *S. W.*, VI, 304 ; *G. A.*, I, 3, 35.
2. *Cf.* X. Léon, *Fichte et son temps, op. cit.*, t. I, p. 101-115. Première visite de Fichte à Kant, le 4 juillet 1791. Deuxième visite, le 23 août. Dîner le 26 ; dîner le 3 septembre. Dernière visite le 6 septembre.

Le 2 avril 1793, Fichte écrit : « Puisque je m'imagine… que vous m'accordez quelqu'intérêt, je vous présente mes projets. – Je dois pour l'instant *fonder* en premier lieu ma théorie de la révélation. Les matériaux sont là ; et il me faudra peu de temps pour les mettre en ordre. – Ensuite, une grande idée illumine mon âme : résoudre le problème posé dans la *Critique de la Raison Pure* aux pages 372-374 (3ᵉ édition) ». Ces projets marquent d'abord une certaine prise de recul par rapport à Kant : Fichte veut fonder sa théorie de la révélation ; or il ne faut pas oublier que Kant avait semblé approuver l'*Essai d'une Critique de toute Révélation*, et avait engagé Fichte à le publier[1]. Fichte avait été surpris de l'approbation de Kant, car il était lui-même mécontent de son texte ; la lettre que nous citons semblerait prouver que Fichte tient à garder son indépendance vis-à-vis du jugement du maître. D'autre part, Fichte veut s'essayer à résoudre une question laissée sans solution par Kant : il s'agit des pages de la *Critique de la Raison Pure* portant sur la *République* de Platon, dans lesquelles Kant fait l'éloge de ce texte en montrant que, loin d'être une utopie comme on l'a dit, il est une idée au sens fort du terme ; le problème est en effet de dégager « une constitution ayant pour but la plus grande liberté humaine fondée sur des lois qui permettraient à la liberté de chacun de subsister en même temps que la liberté de tous les autres ». La préoccupation politique est donc centrale dans la pensée de Fichte dès cette

---

1. Medicus, *Fichtes Leben*, I, I, 5, p. 136, cité dans X. Léon, *Fichte et son temps*, *op. cit.*, t. I, p. 113.

époque et ceci doit nous permettre de mieux comprendre les œuvres des années suivantes[1].

Kant répondit avec laconisme à cette lettre[2] en disant qu'il n'avait pas eu le temps de lire la *Critique de toute Révélation*, et qu'il souhaitait bonne chance au talent et à l'application de Fichte en ce qui concernait son second projet. Il lui conseillait de comparer ses travaux à la *Religion dans les Limites de la Simple Raison* et lui indiquait qu'il traiterait le sujet politique dans un chapitre de sa *Métaphysique des Mœurs*. Au reste il était prêt d'achever sa carrière et son grand âge ne lui permettait pas de s'occuper beaucoup des travaux des autres, car il avait juste le temps de régler ses propres affaires.

Cette réponse assez peu encourageante n'empêcha pas Fichte de continuer à mettre Kant au courant de ses projets, et à lui envoyer ses écrits. Le 20 septembre 1793, il écrit : «Mon projet de plan, pour le droit naturel, le droit public [*Staatsrecht*], la philosophie politique même [*Staatsweisheits-lehre*] va de plus en plus loin, je puis facilement avoir besoin de la moitié d'une vie pour le mener à bien. Ainsi, j'ai toujours l'heureuse perspective de pouvoir utiliser votre œuvre pour cette tâche.» Et il réaffirme ses préoccupations politiques : «Peut-être livrerais-je au jugement du public, mais anonyme-ment, sous différents vêtements, certaines de mes idées d'opposition. J'ajoute qu'il y a déjà quelque chose de moi dans ce genre parmi le public, et que je ne souhaite pas qu'on le

---

1. Kant, *Kritik der reinen Vernunft*, B372-374/A316-318, trad. fr. p. 262-266. *Cf.* A. Philonenko, *Théorie et Praxis dans la pensée morale et politique de Kant et de Fichte en 1793*, Paris, Vrin, 1968, p. 80.

2. 12 mai 1793. X. Léon interprète d'une façon pathétique (*Fichte et son temps*, *op. cit.*, t. I, p. 154-155) certaines formules de ces deux lettres sans attacher nulle importance aux passages que nous citons.

regarde pour le moment comme mon travail, parce que j'ai dénoncé beaucoup d'injustices avec une pleine liberté d'esprit et beaucoup d'ardeur, sans avoir pour le moment, du fait que je ne suis pas encore assez avancé, proposé les moyens qui y remédieraient sans désordre »[1]. Fichte désigne ainsi sa *Contribution...*, et montre en quoi elle n'est pas du tout une œuvre accidentelle ou secondaire dans son projet d'ensemble, quoiqu'elle ne soit pas une œuvre achevée.

En juin 1794, il envoie à Kant son écrit-programme et ajoute : « Désormais, grâce à l'exposé oral, je ferai mûrir mon système en vue de la publication ». L'importance de l'exposé oral était capitale aux yeux de Fichte, et il répète dans l'Avant-Propos des *Conférences sur la Destination du Savant* cette même idée. Enfin, dans sa lettre du 6 octobre 1794, il fait parvenir à Kant, avec le texte des conférences en question, une « petite partie » de son premier essai de plan annoncé dans l'écrit-programme. Et il indique avec netteté l'impression qu'il tire de son enseignement durant le semestre d'été : « Avec le ton qui menace de devenir dominant dans le public philosophique ; avec le refus arrogant de ceux qui s'imaginent être à la farce [*in Possen*] ; avec la décision souveraine qu'ils ont prise pour l'éternité de *n'avoir pas compris, d'être capables de n'avoir pas compris, et corrélativement de ne jamais être prêts à comprendre*, il devient de plus en plus difficile de se procurer seulement un auditoire ; et plus encore un examen critique et une appréciation instructive. »

---

1. Fichte fait allusion à la *Métaphysique des Mœurs* de Kant parue en 1797 ; sur cette lettre, *cf.* A. Philonenko, *Théorie et Praxis dans la pensée morale et politique de Kant et de Fichte en 1793*, *op. cit.*, p. 83. Texte allemand in *Fichtes Briefwechsel*, Schulz, I, p. 298.

A tout ceci, Kant fit répondre à Fichte par l'intermédiaire de Schiller qu'il n'avait pas le temps de lire tous ces textes, étant occupé à terminer son œuvre avant sa mort. Cette attitude peut faire penser que Fichte vise Kant, entre autres, quand il dit dans sa quatrième conférence : « le savant ... doit se garder de ce qui arrive souvent, et parfois à des censeurs éminemment indépendants, à savoir d'être hermétiquement fermés en face des opinions des autres et de leur façon de les présenter »[1]. En tout cas, cette phrase traduit bien l'impression que Fichte pouvait ressentir en face de la froideur de Kant. Cette impression serait confirmée par le fait que les relations épistolaires entre les deux hommes cessèrent pendant les années 1795 et 1796. Elles reprirent en 1797 et 1798 avant de cesser tout à fait le 3 mai 1798.

Les lettres citées permettent de voir que les rapports personnels entre Fichte et Kant peuvent être envisagés avec moins d'enthousiasme que ne le fait Xavier Léon. Elles permettent surtout de souligner dans la philosophie fichtéenne l'importance de la visée politique qui ne trouva aucun retentissement dans la pensée de Kant.

§ 2. *Influence des* Conférences *sur les contemporains*

Si Kant semble donc s'être assez peu préoccupé des idées émises par son jeune disciple dans les *Conférences sur la Destination du Savant*, en revanche l'influence de ces leçons sur les étudiants qui les suivirent fut assez marquante. Nous en avons pour preuve les lettres échangées entre Hölderlin, Schelling et Hegel, les trois anciens camarades du Stift de Tübingen. C'est Hölderlin qui, le premier, suivit avec passion

---

1. *S. W.*, VI, 330; *G. A.*, I, 3, 55, lignes 35-40.

les cours publics de Fichte dès les premiers jours d'octobre. Hegel écrit à ce sujet à Schelling, fin janvier 1795 : « Hölderlin m'écrit de temps à autre d'Iéna… Il écoute Fichte et il parle de lui avec enthousiasme comme d'un Titan qui lutte pour l'humanité et dont le rayon d'action ne restera certainement pas confiné entre les murs d'une salle de cours. » En effet, Hölderlin écrivait à Neuffer en novembre 1794 : « Fichte est à présent l'âme d'Iéna. Dieu en soit loué ! Je ne connais personne qui soit doué d'une pareille profondeur, d'une pareille énergie d'esprit. Rechercher et déterminer dans les domaines les plus éloignés de la connaissance les principes de cette connaissance, ainsi que ceux du droit, tout en tirant de ces principes avec une égale vigueur de pensée les conclusions les plus lointaines et les plus audacieuses ; savoir exposer par écrit et verbalement, malgré la puissance des ténèbres, avec un feu et une précision dont la conjonction, à défaut de cet exemple, m'eût peut-être semblé à moi, pauvre misérable, un problème insoluble – c'est certainement beaucoup, cher Neuffer, et c'est le moins que l'on puisse dire de cet homme. Je suis ses cours chaque jour, je lui parle quelquefois. »[1]

Le 25 janvier 1795, le même Hölderlin écrivait à Hegel : « Les *feuilles spéculatives* de Fichte – premiers fondements de la Doctrine de la Science – et aussi ses *Conférences sur la Destination du Savant*, qui ont été imprimées, t'intéresseront beaucoup. » Et nous savons que Hegel, avec moins d'enthousiasme mais plus d'acuité philosophique, lut les textes en question et discuta l'interprétation qu'en donnait Schelling dans son *Vom Ich*, dans une lettre à celui-ci du 30 août 1795.

---

1. Hœlderlin, *Œuvres*, « Bibliothèque de la Pléiade », Paris, Gallimard, 1967, p. 326, trad. Naville.

C'est sur un ton aussi enthousiaste que celui des disciples de Fichte que Friedrich Schlegel écrivait à son frère August-Wilhelm : « Compare l'éloquence stimulante de cet homme dans les conférences sur la destination du savant aux travaux stylisés de Schiller en fait de déclamation. Il est tel qu'Hamlet soupirerait en vain après lui : chaque trait de sa vie publique semble dire : celui-ci est un *homme*. »[1].

Le ton de la critique philosophique est exactement inverse de celui des jeunes étudiants. Si l'on met à part un article de recension de l'*Allgemeine Literatur Zeitung* paru le 18 août 1795, « l'ensemble de la critique ne fut pas favorable », comme l'écrivent M. Lauth et Jacob[2]. Les « Annales de philosophie et de l'esprit philosophique » de Halle publièrent un article véhément de Jakob Sigmund Beck en mars et avril 1795. Les idées de Fichte y sont traitées de trivialités ou d'expressions pathétiques, Fichte lui-même y est accusé de pharisaïsme. En fait, Beck ne fait qu'exprimer un académisme kantien scandalisé par la hardiesse du texte. La réaction de Fichte fut la suivante, comme il l'exprima plus tard dans une lettre à L. H. Jacob du 4 mars 1799 : « Souvenez-vous de la première recension de mes conférences sur la destination du savant qui pour le coup est elle aussi une pasquinade [*ein Pasquill*]. »

Si l'on met à part ces réactions plus passionnelles que philosophiques, et si l'on cherche à cerner l'influence immédiate des *Conférences sur la Destination du Savant* sur la pensée de l'époque, le seul texte qui y fasse directement allusion et qui se soit intégré certains éléments de la réflexion fichtéenne est l'écrit de Schiller, *Lettres sur l'Éducation*

---

1. Cité *in G. A.*, I, 3, 18.
2. *G. A.*, I, 3, 20-21.

Esthétique de l'Homme, paru dans la revue « Les Heures » en 1795. Ces lettres, commencées en 1793, furent réécrites dans l'automne 1794, après que Schiller avait pris connaissance des idées de Fichte. Il se réfère d'ailleurs explicitement à celui-ci dans sa quatrième lettre : « Chaque homme individuel, peut-on dire, porte en lui selon ses aptitudes et sa destination, un homme pur et idéal, et se mettre dans tous ses changements à l'unisson de l'unité immuable de celui-ci est la grande tâche de son existence », et il ajoute en note : « Je me réfère ici à un écrit récemment paru, les *Conférences sur la Destination du Savant* de mon ami Fichte, où se trouve une déduction très lumineuse qui a cette phrase pour point de départ et n'avait jamais encore été tentée sur cette voie »[1]. Mais si l'idée de l'accord avec soi-même comme idéal commun à tous les hommes est la seule pour laquelle Schiller indique explicitement sa dette envers Fichte, il est nécessaire de signaler que plusieurs autres thèmes des *Lettres sur l'Éducation Esthétique de l'Homme* proviennent des conférences de Fichte : dans la troisième lettre, Schiller reprend la critique de l'état de nature de Rousseau que Fichte avait brillamment menée dans la cinquième conférence :

> C'est ainsi que par artifice l'homme rattrape son enfance dans son âge mûr, se forme un *état de nature* en idée, qui ne lui

---

1. *Cf.* Schiller, *Lettres sur l'Éducation esthétique de l'homme*, trad. Leroux, Paris, Aubier, p. 86-93. M. Leroux traduit, dans la note de Schiller : « ... où l'on trouve cette proposition déduite très lumineusement... » Or Fichte pose l'accord de l'homme avec soi-même comme postulat et ne le déduit aucunement. En fait, dans l'expression « eine... Ableitung des Satzes », le mot *Satz* est un génitif subjectif, et non objectif comme le croit le traducteur qui suppose involontairement un contre-sens de Schiller sur les conférences faites par Fichte en 1794, faute de les avoir étudiées pour elles-mêmes.

est certes pas donné par l'expérience, mais est posé nécessairement par sa destination rationnelle, et dans cet état idéal il se donne une fin ultime, qu'il ne pouvait se donner dans son état de nature réel, et un choix dont il n'était pas capable, et il ne procède pas autrement que s'il recommençait par le début et s'il échangeait par suite d'un clair examen et d'une décision libre l'état d'indépendance contre l'état des contrats. Si ingénieuse et solide qu'ait été la façon dont l'aveugle arbitraire a établi son œuvre, si arrogante que soit sa manière de la défendre, et de quelqu'apparence d'honorabilité que cette œuvre puisse s'entourer, – l'homme doit dans cette opération la considérer comme totalement non avenue, car l'œuvre des forces aveugles n'a aucune autorité devant laquelle la liberté ait besoin de s'incliner, et il faut que tout se soumette à la fin suprême et ultime érigée par la raison dans la personnalité de l'homme.

Cet état de nature pris comme idéal, comme fin ultime, et qui, loin d'être naturel, réside dans la destination rationnelle de l'homme et est une construction nécessaire de la raison, cet état de nature artificiel et non naturel, supérieur à la nature parce qu'issu de la volonté, c'est là ce que Fichte proposait quand il retournait le point de vue de Rousseau et s'écriait : « C'est *devant* nous que se place ce que Rousseau sous le nom d'état de nature et les anciens poètes sous le vocable d'âge d'or ont situé *derrière* nous. »[1] Et le thème de l'approche infinie de cet idéal est repris à plusieurs reprises dans les *Lettres...* de Schiller. Dans la quatorzième lettre, il écrit : « Ce rapport de réciprocité des deux tendances (matière et forme) n'est sans doute qu'une tâche de la raison que l'homme n'est à même de remplir entièrement que dans l'achèvement de son existence [*Dasein*].

---

1. *S. W.*, VI, 342, *in fine* ; *G. A.*, I, 3, 65.

C'est au sens le plus propre du mot l'*Idée de son humanité*, partant un Infini dont il peut s'approcher de plus en plus au cours du temps, mais qu'il ne peut jamais atteindre. » M. Ayrault rapproche ce texte de la première conférence sur la destination de l'homme en général, où Fichte écrit : « Il est dans le concept de l'homme que son but final est inaccessible, que son chemin vers ce but doit être infini… *approcher indéfiniment de ce but* est sa vraie destination en tant qu'homme. »[1] C'est ainsi que Schiller intègre le concept d'infini à son raisonnement, en utilisant les termes mêmes de Fichte dans ses conférences, de même qu'il intègre le concept d'action réciproque (*Wechselwirkung*) dans sa treizième lettre, où il indique en note qu'il le tire des *Fondements de la Doctrine de la Science* de 1794. Sans doute faut-il reconnaître que ces emprunts sont annexés à la notion d'éducation esthétique et à l'analyse de la tendance qui pousse l'homme vers la beauté, thèmes qui sont étrangers à la réflexion fichtéenne[2]. Il n'en reste pas moins fort important de remarquer l'influence des *Conférences sur la Destination du Savant* sur les *Lettres sur l'Éducation Esthétique de l'Homme* de Schiller, dans la mesure où ces lettres exerceront à leur tour une influence décisive sur

---

1. R. Ayrault, *La Genèse du Romantisme allemand*, t. II, p. 723-724.
2. E. Cassirer, *Freiheit und Form*, 3e éd. inchangée, 1961, p. 298, met la question au point en ces termes : « On comprend que Fichte n'a pas seulement créé un nouveau moyen d'expression pour la pensée de Schiller, mais qu'il l'a déterminée d'une façon décisive dans son contenu aussi : mais c'est en ce sens que grâce à la contradiction qu'il vit devant lui, Schiller put dégager avec plus d'acuité et d'énergie ce qu'avait de propre sa tendance fondamentale. » Voir en général les pages 290 à 302 de ce texte, sur *Schiller und Fichte*.

l'idéalisme allemand, en particulier sur la pensée de Schelling[1].

Note de l'éditeur :

En marge du texte de Fichte, on donne les références à la page de l'édition Lauth, *Gesamtausage*, de l'Académie de Bavière (*G. A.*), première série (I), tome 3 (3). le texte commence page 25 et finit page 68.

Les notes appelées par des étoiles dans le texte sont du traducteur.

---

1. R. Kroner, *Von Kant bis Hegel*, Tübingen, Mohr, 1921-1924, t. II, p. 42 *sq.*

**CONFÉRENCES SUR
LA DESTINATION DU SAVANT (1794)**

AVANT-PROPOS

Ces conférences ont été faites dans le semestre d'été écoulé, devant un nombre considérable de jeunes gens qui étaient nos étudiants. Elles sont l'introduction à un tout que l'auteur veut achever et présenter en son temps au public. Une raison extérieure, qui ne peut en rien permettre ni de mieux apprécier ni de mieux comprendre ces pages, le contraint à faire imprimer à part ces cinq premières conférences, et exactement telles qu'elles ont été faites, sans y changer un seul mot. Puisse ceci le rendre excusable de maintes négligences d'expression. – Occupé à ses autres travaux, il ne pouvait pas donner d'emblée à ces textes l'achèvement qu'il leur souhaitait. L'exposé oral est soutenu par la diction. Quant à les transformer en vue de l'impression, cela s'opposait à une intention latérale [*Nebenabsicht*] de l'auteur.

Dans ces conférences sont tenus plusieurs propos qui ne plairont pas à tous les lecteurs. Mais on ne peut en faire aucun reproche à l'auteur; car, lors de ses recherches, il n'a pas envisagé si quelque chose plairait ou déplairait, mais si cela pouvait être vrai, et il a dit, autant qu'il le pouvait, ce qu'il tenait pour vrai d'après sa science la plus sûre.

Mais en dehors de cette sorte de lecteurs qui ont leurs raisons pour que ce que j'ai dit leur déplaise, il pourrait y en avoir encore d'autres qui estiment mes dires à tout le moins inutiles, parce qu'ils ne sauraient être mis en pratique, et que rien ne leur correspondrait dans le monde réel tel qu'il est aujourd'hui; de fait il est à craindre que la majorité | des gens, d'ailleurs honnêtes, rangés et raisonnables, doive juger ainsi. Car, quoiqu'à toutes les époques, le nombre de ceux qui étaient capables de s'élever aux idées, fût le moindre, pourtant, selon des raisons que je puis à bon droit passer ici sous silence, ce nombre n'a jamais été moindre qu'aujourd'hui. Tandis que, dans ce cercle que l'expérience habituelle a tissé autour de nous, on a une pensée plus universelle et un jugement plus juste qu'autrefois peut-être, la majorité est complètement dans l'erreur et l'aveuglement, dès qu'elle doit, ne serait-ce qu'un instant, sortir de cette expérience et la dépasser. S'il est impossible de réallumer chez ces gens l'étincelle maintenant éteinte du génie suprême, il faut qu'on les laisse tranquilles dans ce cercle et que, dans la mesure où ils y sont utiles et indispensables, on leur accorde intégralement leur valeur à l'intérieur de ce cercle et à son usage. Mais si maintenant ils prétendent même rabaisser jusqu'à leur niveau tout ce vers quoi ils sont incapables de s'élever, si par exemple ils exigent que toute publication doive être utilisée comme un livre de cuisine, un livre de comptes ou un règlement de service, et s'ils décrient tout ce qui ne peut être ainsi utilisé, alors ils ont tort pour l'essentiel.

Que les idéaux ne puissent être présentés dans le monde réel, nous le savons peut-être aussi bien qu'eux, peut-être mieux. Nous soutenons seulement qu'il faut que la réalité soit jugée d'après eux, et qu'elle soit modifiée par ceux qui sentent en eux la force pour cela. A supposer que nos détracteurs ne puissent même pas se convaincre de cela, ils y perdent très peu, étant donné qu'ils sont ce qu'ils sont une fois pour toutes; et l'humanité n'y perd rien. Ainsi il devient simplement clair qu'il n'a pas été compté uniquement sur eux dans le plan d'ennoblissement de l'humanité. Celle-ci poursuivra sans nul doute son chemin ; que la nature bienveillante veuille régner sur ces gens, et leur accorder à propos pluie et beau temps, salutaire nourriture et paisible circulation des humeurs, et par-dessus le marché – de subtiles pensées !

Iéna, pour la foire de la Saint-Michel, 1794.

SUR LA DESTINATION DE L'HOMME EN SOI

Le but des conférences que j'inaugure aujourd'hui est connu de vous en partie. Je voudrais répondre, ou plutôt, je voudrais vous inciter, messieurs, à répondre aux questions suivantes : quelle est la destination du savant ? Quel est son rapport à l'ensemble de l'humanité aussi bien qu'aux positions sociales [*Stände*] particulières dans celle-ci ? Par quels moyens peut-il atteindre le plus sûrement sa sublime destination ?

Le savant n'est un savant qu'en tant qu'il est opposé à d'autres hommes qui ne le sont pas ; son concept résulte de la comparaison et de la relation à la société : par ce mot est compris non seulement l'État, mais en général toute agrégation d'hommes raisonnables qui vivent dans l'espace les uns à côté des autres, et qui de ce fait sont placés dans des rapports mutuels.

La destination du savant en tant que tel n'est donc pensable que dans la société ; et ainsi la réponse à la question : quelle est la destination du savant ? suppose qu'on réponde au préalable à une autre, la suivante : quelle est la destination de l'homme dans la société ?

La réponse à cette question présuppose à son tour qu'on réponde à une autre plus élevée encore – : quelle est la destination de l'homme en soi, c'est-à-dire de l'homme dans la mesure où il est pensé uniquement en tant qu'homme, uniquement selon le concept d'homme en général ; – isolé, et en dehors de toute relation qui n'est pas comprise nécessairement dans son concept ?

Il faut bien que je vous dise maintenant sans preuve ce qui est déjà prouvé depuis longtemps pour plusieurs d'entre vous sans doute, et que d'autres sentent obscurément mais non moins fortement pour autant, à savoir que toute la philosophie, toute pensée et toute doctrine humaine, toutes vos études, tout ce que je pourrais vous exposer maintenant en particulier, ne peut avoir aucun autre but que de répondre aux questions posées, et tout particulièrement à la dernière et suprême question : quelle est la destination de l'homme en général, et par quels moyens peut-il l'atteindre le plus sûrement ?

28 | En fait, c'est moins en vue de la possibilité du sentiment de cette destination qu'en vue de la compréhension explicite, claire et complète de celle-ci, qu'est présupposée toute la philosophie, et à vrai dire une philosophie sérieuse et exhaustive [*erschöpfend*]. – Cette destination de l'homme en soi est également l'objet de ma conférence d'aujourd'hui. Vous voyez, messieurs, que ce que j'ai à dire là-dessus ne peut être complètement déduit de ses principes en cette heure, si je ne veux pas traiter en cette heure la philosophie entière. Mais je peux prendre votre sentiment pour point de départ de ma construction. – Vous voyez en même temps que la question à laquelle je veux répondre dans mes conférences publiques : quelle est la destination du savant, – ou ce qui revient au même, comme il s'ensuivra en son temps – la destination de l'homme le plus relevé et le plus vrai, est la *dernière* tâche pour toute recherche philosophique ; de même que la question : quelle est la destination de l'homme en général, question dont la réponse sera, je pense, établie sur des principes dans mes cours privés, mais seulement indiquée brièvement aujourd'hui, est la *première* tâche de la philosophie. J'en viens maintenant à répondre à la question posée.

Que peut être ce qu'il y a de proprement spirituel dans l'homme, le Moi pur, – absolument en soi – isolé – et en dehors de toute relation à quelque chose d'extérieur à celui-ci ? – cette question est insoluble – et prise en toute rigueur elle comporte en elle-même sa contradiction. Il n'est assurément pas vrai que le Moi pur soit un produit du Non-Moi – j'appelle ainsi tout ce qui est pensé comme situé en dehors du Moi, ce qui est séparé du Moi et opposé à lui – il n'est pas vrai, dis-je, que le Moi pur soit un produit du Non-Moi : – une telle proposition exprimerait un matérialisme transcendantal* qui est tout à fait contraire à la raison – mais il est assurément vrai, et ce sera démontré rigoureusement à sa place, que le Moi n'est jamais ni ne peut être conscient de soi-même que dans ses déterminations empiriques, et que ces déterminations empiriques supposent nécessairement un Quelque chose en dehors du Moi. Déjà le corps de l'homme qu'il nomme *son* corps, est quelque chose en dehors du Moi. En dehors de cette relation il ne serait même pas un homme, mais quelque chose d'absolument impensable pour nous ; si l'on peut encore appeler quelque chose ce qui n'est même pas une chimère [*Gedankending*]. – Considérer l'homme en soi et isolé, ce n'est pas le considérer ni ici ni nulle part : simplement comme Moi pur sans aucune

---

* Les éditeurs de la *G. A.* voient là une erreur, transcendantal serait mis pour « transcendant ». *G. A.*, I, 3, 28, note (b').

relation à quoi que ce soit en dehors de son Moi pur; mais c'est au contraire le penser uniquement en dehors de toute relation à des êtres raisonnables de son espèce.

Et, s'il est ainsi pensé, quelle est sa destination? Que lui

29 revient-il | en tant qu'homme, d'après son concept, qui ne revient pas à ce qui n'est pas homme parmi les êtres que nous connaissons? Par quoi se distingue-t-il de tout ce que nous n'appelons pas homme parmi les êtres que nous connaissons?

Il faut que je parte de quelque chose de *positif*, et puisque je ne puis pas partir ici du positif absolu, la proposition «Je suis», il faut néanmoins que je pose comme hypothèse une proposition qui gît dans la conscience humaine [*Menschengefühl*] sans qu'on puisse l'en extirper, – proposition qui est le résultat de l'ensemble de la philosophie, qui peut être prouvée rigoureusement – et que je prouverai rigoureusement dans mes cours privés : la voici : aussi certainement que l'homme a une raison, il est sa propre fin, c'est-à-dire qu'il n'est pas parce qu'il doit être quelque chose d'autre, mais qu'il est absolument, parce qu'*il* doit être : son simple être est la fin ultime de son être, ou, ce qui revient au même, on ne peut sans contradiction poser de question sur une fin de son être. Il est *parce qu'*il est. Ce caractère de l'être absolu, de l'être en vue même d'être, est son caractère ou sa destination, en tant qu'il est considéré simplement et uniquement comme être raisonnable.

Mais ce n'est pas seulement l'être absolu, l'être dans l'absolu [*schlechthin*] qui appartient à l'homme ; des déterminations particulières de cet être lui appartiennent aussi ; *il* n'*est* pas simplement ; au contraire, il est aussi *un certain quelque chose* ; il ne dit pas seulement : je suis ; mais il ajoute aussi : je suis ceci ou cela. En tant qu'il est en général, il est un être raisonnable ; en tant qu'il est quelque chose, qu'est-il donc ? – C'est à cette question que nous devons répondre.

*Ce qu'*il est, il l'est avant tout, non parce qu'*il* est, mais au contraire parce que *quelque chose est en dehors de lui.* – La conscience de soi empirique, c'est-à-dire la conscience d'une détermination quelconque en nous, n'est possible que si l'on présuppose un Non-Moi comme nous l'avons déjà dit plus haut et comme nous le prouverons à sa place. Il faut que ce Non-Moi agisse sur sa faculté réceptive que nous appelons sensibilité. Ainsi, en tant qu'il est quelque chose, l'homme est un être sensible. Or, d'après ce que nous avons dit plus haut, il est en même temps un être raisonnable, et sa raison ne doit pas être supprimée par sa sensibilité, mais les deux doivent coexister. Dans cette union, la proposition citée : l'homme est parce qu'il est, se transforme en la suivante : *l'homme doit être ce qu'il est, absolument parce qu'il est*, c'est-à-dire que tout ce qu'il est doit être tiré de son Moi pur, de sa simple égoïté [*Ichheit*]. Il doit être absolument tout ce qu'il est parce qu'il est un Moi ; et ce qu'il ne peut pas être parce qu'il est un Moi, il ne doit pas du tout l'être, d'un point de vue général. Cette formule, jusque-là encore obscure, va s'éclaircir immédiatement.

Le Moi pur ne peut être représenté que négativement ; en tant qu'opposé du Non-Moi | dont le caractère est la diversité 30 – par conséquent en tant qu'uniformité [*Einerleiheit*] complète et absolue ; il est toujours un et identique, et jamais un autre. La formule citée peut donc s'exprimer ainsi : l'homme doit être continuellement d'accord avec soi-même ; il ne doit jamais se contredire. – C'est-à-dire que le Moi pur ne peut jamais entrer en contradiction avec soi-même, car il n'a en lui absolument aucune différence, étant au contraire continuellement un et identique : mais le Moi empirique, déterminable et déterminé par les choses extérieures peut se contredire ; – et chaque fois qu'il se contredit, c'est un signe certain qu'il n'est pas déterminé d'après la forme du Moi pur, par soi-même, mais par des choses extérieures. Et il ne doit pas être ainsi ; car l'homme est sa propre fin ; il doit se déterminer soi-même, et ne jamais se laisser déterminer par quelque chose d'étranger ; et il doit être ce qu'il est parce qu'il veut et doit vouloir l'être. Le Moi empirique doit être déterminé de la même manière qu'il pourrait être éternellement déterminé. A ce propos j'exprimerais – ce que j'ajoute simplement en passant et pour être clair – le principe fondamental de la Doctrine Éthique dans la formule suivante : Agis de telle façon que tu puisses penser la maxime de ta volonté comme loi éternelle pour toi.

La destination dernière de tous les êtres raisonnables et finis est donc l'unité absolue, l'identité continuelle, l'accord total avec soi-même. L'identité absolue est la forme du Moi pur et l'unique vraie forme de ce Moi ; ou mieux : l'expression de cette forme est *connue* dans la possibilité qu'a l'identité d'être pensée. Toute destination qui peut être pensée comme ayant une durée éternelle est conforme à la pure forme du Moi. – Que l'on ne comprenne pas cela à demi, ni d'un seul point de vue. Ce n'est pas uniquement la volonté qui doit être toujours d'accord avec elle-même, – de celle-ci il ne sera question que dans la Doctrine Éthique – mais au contraire toutes les forces de l'homme, qui ne font en soi qu'une seule force, et ne sont séparées que dans leur application à des objets séparés – elles toutes doivent s'accorder à la parfaite identité, et s'entr'accorder ensemble.

Or les déterminations empiriques de notre Moi, au moins pour la plupart, ne dépendent pas de nous-mêmes, mais de quelque chose d'extérieur à nous. Assurément la volonté, dans son cercle, c'est-à-dire dans le champ des objets auxquels elle peut se rapporter après qu'ils ont été connus de l'homme, est absolument libre, comme il sera démontré rigoureusement en son temps. Mais le sentiment, avec la représentation qui le présuppose n'est pas libre, mais dépend des objets en dehors du Moi, objets dont le caractère n'est pas du tout l'identité, mais la diversité. Si néanmoins le Moi doit être un avec soi-même, même à ce point de vue, il faut qu'il s'efforce d'agir immédiatement sur les objets mêmes dont dépendent le sentiment et la représentation de l'homme ; l'homme doit chercher | à modifier 31 ces objets et à les amener à s'accorder avec la pure forme de son Moi, afin que même la représentation de ces objets, en tant qu'elle dépend de leur structure [*Beschaffenheit*], s'accorde maintenant avec cette forme. – Cette modification des objets comme ils doivent être d'après nos concepts nécessaires qui s'y rapportent, n'est pas possible par la seule volonté, mais il y a aussi besoin pour cela d'une certaine habileté qui est acquise et accrue par l'usage [*Uebung*].

En outre, ce qui est plus important encore, du fait de l'influence non entravée des objets sur lui, à laquelle nous nous abandonnons naïvement tant que notre raison n'a pas encore été éveillée, notre Moi, déterminable empiriquement, lui-même, admet certaines courbures [*Biegungen*] qu'il est impossible d'accorder avec la forme de notre Moi pur, parce qu'elles résultent des objets en dehors de nous. Pour les extirper et nous redonner notre pure configuration [*Gestalt*] originelle, pour cela non plus la pure volonté ne suffit pas, mais nous avons besoin de cette habileté qui est acquise et accrue par l'usage.

L'acquisition de cette habileté, qui vise d'une part à extirper et supprimer nos propres inclinations fautives installées avant l'éveil de la raison et de la conscience de notre activité indépendante ; d'autre part à modifier les objets en dehors de nous et à les changer selon nos concepts, l'acquisition de cette habileté, dis-je, s'appelle *culture* [*Kultur*] ; et on appelle de la même manière le degré déterminé de cette habileté que l'on a acquis. La culture n'est divisée qu'en degrés; mais elle est susceptible de degrés infiniment nombreux. Elle est l'ultime et suprême moyen pour la fin dernière de l'homme, qui est l'accord total avec soi-même, – si l'homme est considéré comme être sensible doué de raison; – elle est même la fin ultime, s'il n'est considéré que comme être sensible. La sensibilité doit être cultivée : c'est le point ultime et suprême qu'elle peut envisager par elle-même.

Le résultat final de tout ce qui a été dit est le suivant : l'accord parfait de l'homme avec soi-même, et – afin qu'il puisse s'accorder avec soi-même – l'accord de tous les objets en dehors de lui avec ses concepts nécessaires et pratiques qui s'y rapportent, – concepts qui les déterminent comme ils *doivent* l'être – est le but ultime et suprême de l'homme. Cet accord en général est, pour m'exprimer selon la terminologie de la philosophie critique, ce que Kant appelle *souverain Bien* 32 [*höchste Gut*]*: | ce souverain Bien en lui-même, comme il résulte de ce qu'on a dit, n'a pas du tout deux parties, mais il est complètement simple : c'est – *l'accord parfait d'un être raisonnable avec soi-même*. En relation à un être raisonnable qui est dépendant des objets en dehors de soi, il peut être considéré comme double : – en tant qu'accord *de la volonté* avec l'idée d'une volonté valant éternellement, ou – *valeur morale* [*sittliche Güte*] – et en tant qu'accord des objets en dehors de nous avec notre volonté (avec notre volonté raisonnable, s'entend) ou *bonheur* [*Glückseligkeit*]. Ainsi – ceci soit rappelé en passant – il est si peu vrai que l'homme soit déterminé à la valeur morale par le désir du bonheur que bien plutôt le concept de bonheur même et le désir de celui-ci prend

---

* Kant, *Critique de la Raison pratique*, A, 198 *sq.* ; trad. fr. J.-P. Fussler, Paris, GF-Flammarion, p. 231 *sq.*

d'abord naissance de la nature morale de l'homme. – Il ne faut pas dire que – *ce qui rend heureux est bon*; mais que – *seul ce qui est bon rend heureux*. Sans moralité aucun bonheur n'est possible. Sans doute peut-il y avoir des sentiments *agréables* sans moralité, et même en opposition avec elle, et nous verrons pourquoi à sa place, mais ils ne sont pas le bonheur et entrent bien souvent en contradiction avec lui.

Se soumettre tout ce qui est dénué de raison, le dominer librement et d'après sa propre loi, c'est la fin dernière de l'homme; cette fin dernière est totalement inaccessible et doit rester éternellement inaccessible, si l'homme ne doit pas cesser d'être un homme et devenir Dieu. Il est dans le concept de l'homme que son but final doive être inaccessible, que son chemin vers ce but doive être infini. Par conséquent, ce n'est pas la destination de l'homme d'atteindre ce but. Mais il peut et doit s'approcher toujours plus près de ce but : et c'est pourquoi *approcher indéfiniment de ce but* est sa vraie destination en tant qu'*homme*, c'est-à-dire en tant qu'être raisonnable mais fini, sensible mais libre. – Si l'on appelle maintenant cet accord total avec soi-même perfection, au plus haut sens du mot, comme on peut l'appeler de toute façon, alors la *perfection* est le but suprême et inaccessible de l'homme; mais le *perfection-nement à l'infini* est sa destination. Il est là afin même de devenir toujours meilleur du point de vue moral, et de rendre tout ce qui l'entoure meilleur du point de vue *sensible*, et s'il est considéré dans la société, meilleur aussi du point de vue *moral*, et par là de se rendre soi-même de plus en plus heureux.

C'est là la destination de l'homme, en tant qu'il est considéré comme isolé, c'est-à-dire en dehors de toute relation à des êtres raisonnables de son espèce. – Nous ne sommes pas isolés, et quoique je ne puisse pas faire porter aujourd'hui mes considérations sur le lien universel des êtres raisonnables entre

33 eux, je dois pourtant jeter un coup d'œil | sur ce lien dans lequel j'entre avec vous aujourd'hui, messieurs. Cette sublime destination que je vous ai indiquée brièvement aujourd'hui, c'est à elle, clairement comprise, que je dois élever de nombreux jeunes gens pleins d'espoir; elle que je souhaite vous donner pour but suprême et pour fil conducteur constant de votre vie entière; – chez vous, jeunes gens qui êtes destinés à avoir à votre tour une très forte action sur l'humanité, dans votre domaine, à propager largement un jour la formation que vous-mêmes avez reçue, dans un cercle plus ou moins large, par l'enseignement ou par l'action, ou par les deux, et enfin à élever d'une façon bienfaisante notre commune fraternité humaine [*Brudergeschlecht*] à un degré plus haut de la culture [*Kultur*] – chez vous jeunes gens par l'intermédiaire desquels je donne un enseignement à des millions d'hommes qui ne sont pas encore nés. Si quelques-uns parmi vous devaient avoir en ma faveur le préjugé suivant : que je ressens la dignité de cette destination particulière qui est la mienne, que je prendrai pour fin suprême, dans ma pensée et ma doctrine, de contribuer au progrès de la civilisation et à la marche en avant de l'humanité en vous, messieurs, et en tous ceux qui auront un jour en commun avec vous un point de rencontre ; et que je tiens pour nulle toute philosophie et toute science qui ne vise pas ce but, – si vous jugez ainsi de moi, vous jugez tout à fait justement – si j'ose le dire – de ma volonté. Dans quelle mesure mes forces doivent répondre à ce souhait, cela ne dépend pas entièrement de moi-même; cela dépend en partie de circonstances qui ne sont pas en notre pouvoir. Cela dépend aussi en partie de vous, messieurs, de votre attention que je sollicite, de votre zèle personnel sur lequel je compte avec une assurance totale et joyeuse, de votre confiance en moi à laquelle je rends hommage et que je chercherai à honorer par l'action.

SUR LA DESTINATION DE L'HOMME
DANS LA SOCIÉTÉ

Il existe une foule de questions auxquelles la philosophie doit donner une réponse avant de pouvoir devenir science et Doctrine de la science : – questions qu'oublient les dogmatiques qui tranchent de tout et que le sceptique n'ose soulever sans risquer d'être accusé de folie ou d'immoralité, ou des deux à la fois.

| C'est mon destin, à moins de vouloir être superficiel et 34 traiter sans profondeur un sujet sur lequel je crois savoir quelque chose de fondamental, – à moins de vouloir dissimuler et passer sous silence les difficultés que je discerne fort bien – c'est mon destin, dis-je, dans ces conférences publiques, d'être obligé de remuer plusieurs de ces questions qui ne l'ont presque pas été jusque-là, sans pouvoir les épuiser entièrement – au risque d'être mal compris ou mal interprété, en ne pouvant donner que des *indications* pour une réflexion ultérieure, que des *perspectives* pour un enseignement ultérieur, là où je préfèrerais épuiser le sujet depuis le principe. Si je pressentais parmi vous, messieurs, beaucoup de

« philosophes populaires » qui, sans nulle peine, sans nulle réflexion, résolvent à l'aise, simplement grâce à leur sens commun [*Menschenverstand*], qu'ils nomment sain, toutes les difficultés, alors je ne m'installerais à cette chaire qu'en tremblant.

Parmi ces questions, il en est en particulier deux qu'il faut résoudre pour que, entre autres, une doctrine fondamentale du droit naturel puisse être possible. En premier lieu celle-ci : qu'est-ce qui autorise l'homme à appeler une partie déterminée du monde des corps *son* corps ? Comment en vient-il à considérer cette partie comme son corps en tant qu'appartenant à son Moi, alors qu'il est pourtant directement opposé à celui-ci ? Et, ensuite, la seconde question : comment l'homme en vient-il à admettre et à reconnaître des êtres raisonnables de son espèce en dehors de lui, alors que pourtant de tels êtres ne sont absolument pas donnés immédiatement dans sa pure conscience de soi ?

Je dois aujourd'hui établir la destination de l'homme dans la société, et la solution de ce problème suppose la réponse à la dernière question. – J'appelle société la relation des êtres raisonnables entre eux. Le concept de société n'est possible que si l'on présuppose qu'il y a effectivement en dehors de nous des êtres raisonnables, et que s'il existe des marques distinctives [*Merkmale*] qui nous permettent de distinguer ceux-ci de tous les autres êtres qui ne sont pas raisonnables et par conséquent n'appartiennent pas à la communauté. Comment parvenons-nous à cette supposition ? et quelles sont ces marques ? C'est là la question à laquelle je dois tout d'abord répondre.

« C'est de l'expérience que nous avons tiré les deux idées : qu'il y a des êtres raisonnables de notre espèce en dehors de nous, ainsi que les signes qui les distinguent des êtres dénués de raison » : c'est ainsi assurément que pourraient répondre ceux qui ne sont pas encore habitués à la rigueur de la recherche philosophique ; mais une telle réponse serait légère et insuffisante, elle ne répondrait pas du tout à *notre* question, mais appartiendrait à une question tout autre. | Les expériences sur 35 lesquelles ils prendraient appui ont été faites aussi par les Égoïstes [*Egoisten*] qui par conséquent ne sont toujours pas fondamentalement réfutés jusqu'ici. L'expérience apprend seulement que la *représentation* d'êtres raisonnables en dehors de nous est contenue dans notre conscience empirique ; et sur ce point il n'y a pas de discussion, et aucun égoïste ne l'a encore contesté. La question est : correspond-il quelque chose à cette représentation *en dehors d'elle-même* ? y a-t-il, indépendamment de notre représentation, – et même si nous ne nous la représentons pas – des êtres raisonnables en dehors de nous ? Et sur ce point, l'expérience ne peut rien nous apprendre, aussi certainement qu'elle est expérience, c'est-à-dire le système de nos représentations.

L'expérience peut tout au plus apprendre que se produisent des effets qui sont semblables aux effets produits par des causes raisonnables ; mais elle ne peut nous apprendre si les causes de ces effets existent réellement en soi en tant qu'êtres raisonnables ; car un être en soi n'est pas un objet d'expérience.

C'est nous-mêmes qui introduisons des êtres de cette espèce dans l'expérience ; c'est *nous* qui expliquons certaines expériences à partir de l'existence d'êtres raisonnables en dehors de nous. Mais – de *quel droit* donnons-nous cette explication ? Il faut, avant d'user de ce *droit*, commencer par le prouver, parce que la valeur de ce droit se fonde sur cette preuve et il est impossible de rien fonder sur l'usage de fait : ainsi, nous n'aurions pas avancé d'un pas et nous serions ramenés à la question que nous posions plus haut : Comment en venons-nous à admettre et à reconnaître des êtres raisonnables en dehors de nous ?

Le domaine théorique de la philosophie a été indiscutablement épuisé par les recherches fondamentales des philosophes critiques ; toutes les questions qu'on n'a pas encore résolues doivent être résolues à partir de principes pratiques, comme je ne l'indique cependant ici que sur le plan historique. Il faut que nous cherchions si nous pouvons résoudre réellement la question posée à partir des mêmes principes.

La tendance la plus haute dans l'homme est, suivant notre conférence précédente, la tendance à l'accord parfait avec soi-même, à l'identité ; et afin qu'il puisse continuellement être en accord avec soi-même, elle tend aussi à accorder l'ensemble de ce qui lui est extérieur et les concepts nécessaires qu'il s'en fait. Cet ensemble ne doit pas seulement éviter d'être *en contra-diction* avec ses concepts, de telle manière que l'existence ou la non-existence d'un objet lui *correspondant* fût indifférente à l'homme, mais au contraire il faut aussi que soit donnée quelque chose qui corresponde à cet ensemble. A tous les concepts qui résident dans son Moi, il faut que soit donnée dans le Non-Moi une expression, une contrepartie [*Gegenbild*]. Sa tendance est déterminée de cette façon.

Le concept de raison et de pensée et d'action conforme à la raison est aussi donné dans l'homme et il veut nécessairement

36 non seulement réaliser ce concept en lui-même, | mais le voir réalisé aussi en dehors de lui. Le fait qu'il y ait des êtres raisonnables de son espèce en dehors de lui fait partie de ses exigences.

Il ne peut pas produire des êtres de cette espèce ; mais il place le concept de ces êtres au principe de son observation du Non-Moi, et s'attend à trouver quelque chose de correspondant à ce concept. – Le premier trait qui s'offre d'abord ne caractérise que négativement la rationalité [*Vernünftigkeit*] : c'est le fait d'avoir une action d'après des concepts, une activité d'après des fins. Ce qui a le caractère de la finalité peut avoir un auteur raisonnable ; ce à quoi le concept de finalité ne peut se rapporter n'a certainement pas un auteur raisonnable. – Mais cette marque distinctive est ambiguë ; l'accord du divers résultant dans une unité caractérise la finalité ; mais il y a plusieurs espèces de cet accord qui peuvent être expliquées à partir de simples lois de la nature – assurément pas des lois *mécaniques*, mais des lois *organiques* ; nous avons donc encore besoin d'une marque distinctive pour pouvoir conclure avec certitude d'une certaine expérience à une cause raisonnable de cette expérience. – Même là où elle agit en vue d'une fin, la nature agit selon des *lois nécessaires* ; la raison agit toujours *avec liberté*. Par conséquent, un accord du divers résultant dans l'unité et qui serait produit par la liberté, serait la caractéristique sûre et infaillible de la rationalité dans le phénomène. Reste la question : comment doit-on distinguer, quand ils sont également donnés dans l'expérience, l'effet produit par la nécessité de l'effet produit par la liberté ?

Je ne puis absolument pas être immédiatement conscient d'une liberté en dehors de moi en général ; je ne puis pas être conscient même d'une liberté en moi ou de ma propre liberté ; car la liberté en soi est le dernier principe d'explication de toute conscience et ne peut par conséquent pas appartenir au domaine de la conscience. Mais je puis être conscient que, lors d'une détermination donnée de mon Moi empirique par ma volonté, je ne suis pas conscient d'une autre cause que ma volonté elle-même ; et cette non-conscience de cause extérieure, on pourrait bien la nommer aussi une conscience de la liberté, à condition seulement qu'on se soit convenablement expliqué là-dessus tout d'abord ; et nous voulons maintenant lui donner ce nom. *En ce sens*, on peut être soi-même conscient d'une action propre effectuée par sa liberté.

Or si par *notre* action libre dont nous sommes conscients au sens indiqué, le mode d'action de la substance qui nous est donnée dans le phénomène est à ce point changé que cette action ne peut plus du tout s'expliquer par la loi d'après laquelle elle se gouvernait auparavant, mais simplement par ce que nous avons posé au principe de *notre* action libre et qui | est opposé à la loi précédente, alors nous ne pouvons pas expliquer une telle détermination ainsi changée autrement que par la supposition que la cause de cet effet est également raisonnable et libre. De là résulte, ce que j'emprunte à la terminologie kantienne, une *action réciproque d'après des concepts*, une communauté en vue d'une fin; et c'est là ce que j'appelle société. Le concept de société est maintenant entièrement déterminé.

Parmi ses tendances fondamentales, l'homme a cette exigence d'admettre en dehors de soi des êtres raisonnables de son espèce; il ne peut les admettre que sous la condition qu'il entre en société avec eux, d'après la signification déterminée plus haut de ce mot. – La tendance communautaire fait donc partie des tendances fondamentales de l'homme. *L'homme est destiné à vivre dans la société*; il a l'*obligation* de vivre dans la société; il n'est pas un homme entier, achevé, et il se contredit lui-même s'il vit isolé.

Vous voyez, messieurs, combien il est important de ne pas confondre la société en général avec l'espèce particulière de société empiriquement conditionnée que l'on nomme État. La vie dans l'État ne fait pas partie des buts absolus de l'homme, quoi qu'en dise un très grand homme; mais il est un *moyen* qui n'a cours que dans certaines conditions *pour l'établissement d'une société parfaite*. L'État, comme toutes les institutions humaines qui ne sont que des moyens, vise sa propre négation : *c'est le but de tout gouvernement de rendre le gouvernement superflu*. Pour l'instant ce moment n'est assurément pas encore arrivé – et je ne sais pas combien de myriades d'années ou de myriades de myriades d'années peuvent se passer jusqu'à ce moment-là – et il ne s'agit pas, ici, d'une façon générale, d'appliquer cela dans la vie, mais de justifier une proposition spéculative – ce moment n'est pas encore arrivé ; mais il est sûr que, sur le chemin de l'humanité prescrit *a priori*, se trouve un tel moment où tous les liens étatiques seront superflus. C'est le moment où, au lieu de la force ou de la ruse, ce sera la seule raison qui sera universellement reconnue comme arbitre suprême [*höchster Richter*]. *Être reconnue*, [*anerkannt*] dis-je, car, même ensuite, les hommes peuvent se tromper et être entraînés par l'erreur à blesser leurs prochains ; mais ils doivent tous seulement avoir le bon vouloir de se faire dégager de l'erreur, et, de même qu'ils en sont dégagés, de revenir sur cette erreur et d'en réparer le dommage. Tant que ce moment n'est pas arrivé, nous ne sommes même pas encore des hommes véritables, d'une manière générale.

D'après ce que nous avons dit, *l'action réciproque par la liberté* est | la caractéristique positive de la société ; – celle-ci 38 est le but même ; et l'action a pour but l'action, *purement et simplement*. Cependant, affirmer que la société est à elle-même son propre but, ce n'est pas nier pour autant que la modalité de l'action puisse avoir une loi particulière, qui fixe à l'action une fin encore plus déterminée.

La tendance fondamentale [*Grundtrieb*] était de découvrir des êtres raisonnables de notre espèce ou des *hommes*. – Le concept d'homme est un concept idéal parce que la fin de l'homme, en tant que telle, est inaccessible. Chaque individu a son idéal particulier de l'homme en général, et ces idéaux diffèrent, assurément pas en matière [in der Materie], mais pourtant en degrés; chacun examine selon son propre idéal celui qu'il reconnaît pour un homme. Chacun souhaite, en vertu de cette tendance fondamentale, trouver chaque autre semblable à cet idéal; il le recherche, l'observe de toutes les façons, et quand il le trouve *au-dessous* de cet idéal, il cherche alors à l'y élever. Dans cette lutte des esprits avec les esprits le vainqueur est toujours l'homme le plus relevé et le meilleur; alors s'établit grâce à la société le *perfectionnement de l'espèce*, et nous avons de fait trouvé également la destination de la société entière en tant que telle. Si en apparence c'est comme si l'homme le plus relevé et le meilleur n'avait aucune influence sur les moins relevés et les moins cultivés, c'est qu'à cet égard notre jugement nous trompe, en partie parce que nous demandons souvent au champ la récolte avant que la semence ait pu germer et monter; en partie parce que le meilleur se tient peut-être à trop de degrés au-dessus de l'inculte; qu'ils ont entre eux trop peu de points de contact, qu'ils peuvent trop peu agir l'un sur l'autre – c'est là une situation qui entrave la culture d'une manière incroyable, et dont nous montrerons en son temps l'antidote [*Gegenmittel*]. Mais au total le meilleur est certainement vainqueur; c'est une consolation apaisante pour l'ami des hommes et de la vérité, quand il assiste à la lutte ouverte de la lumière avec l'obscurité. La lumière est finalement victorieuse, c'est sûr – on ne peut pas déterminer librement le temps, mais il y a déjà un gage de la victoire, et de la victoire prochaine si l'obscurité est forcée de s'engager dans un combat ouvert. Elle aime les ténèbres; elle a déjà perdu si elle est forcée de paraître à la lumière.

Ainsi – et c'est le résultat de toute notre étude précédente – l'homme est destiné à la société; parmi les habiletés [*Geschicklichkeiten*] qu'il doit parfaire en soi d'après la destination analysée dans la conférence précédente, il y a la sociabilité [*Gesellschaftlichkeit*].

Cette destination à la société, bien qu'elle jaillisse aussi du plus intime et du plus pur de l'être humain, est cependant, en tant que simple tendance subordonnée à la loi suprême de l'accord continuel avec soi-même, ou si l'on veut à la loi morale, et elle doit être déterminée ultérieurement par cette loi, et | courbée sous une règle inflexible; en découvrant cette **39** règle, nous trouvons la destination de *l'homme dans la société*, qui est le but de notre présente recherche et de toute l'étude engagée jusqu'à maintenant.

En premier lieu, la tendance sociale est *négativement* déterminée par cette loi de l'accord absolu; elle ne doit pas entrer en contradiction avec elle-même. La tendance pousse à l'*action réciproque*, à l'influence *réciproque*, à l'acte *réciproque* de donner et de recevoir [*Geben und Nehmen*], à l'action et à la passion *réciproques*: non à la seule causalité ni à la seule activité, vis-à-vis desquelles l'autre ne pourrait avoir qu'un rapport de patient. En outre la tendance pousse à trouver des êtres *libres et raisonnables* en dehors de nous et à entrer en communauté avec eux; elle ne pousse pas à la *subordination* comme dans le monde des corps, mais à la *coordination*. Si l'on ne veut pas rendre libres les êtres raisonnables cherchés en dehors de soi, c'est qu'on ne considère en quelque sorte que leur *habileté théorique*, et non leur raison pratique: on ne veut pas entrer en communauté avec eux, on veut au contraire les *dominer*, comme des animaux déterminés par le sort, et l'on fait entrer sa tendance à la sociabilité en contradiction avec elle-même. – Pourtant, que dis-je: on met cette tendance en contradiction avec elle-même? Disons plutôt qu'on ne l'a pas encore le moins du monde – cette tendance si noble: l'humanité ne s'est pas encore cultivée en nous d'une façon assez profonde ; nous en restons même au degré inférieur de la semi-humanité ou de l'esclavage. Nous ne sommes pas encore mûrs au sentiment de notre liberté et de notre activité indépendante [*Selbsttätigkeit*] ; car alors nous devrions nécessairement vouloir contempler en dehors de nous des êtres semblables à nous, c'est-à-dire des être libres. Nous sommes esclaves et nous voulons rester esclaves. Rousseau dit* : beaucoup d'hommes se croient maîtres des autres qui sont pourtant plus esclaves qu'eux ; il aurait pu dire encore bien plus justement : Tout homme qui se croit maître des autres est lui-même un esclave. Si ce n'est pas toujours le cas en fait, il a sûrement pourtant une âme d'esclave, et devant le premier homme plus fort que lui qui le soumet, il rampera dans l'infâmie. – Seul est libre celui qui veut rendre libre tout ce qui l'entoure, et le rend libre en fait par une certaine influence dont on n'a pas toujours remarqué l'origine. Sous son regard, nous respirons plus librement ; nous ne sentons rien qui nous limite, nous entrave ou nous opprime ; nous sentons un plaisir inhabituel à être et à faire tout ce que le respect de nous-mêmes ne nous interdit pas.

    L'homme doit utiliser les objets privés de raison comme **40** des moyens pour ses fins, mais non | les êtres raisonnables : il ne doit même pas utiliser ceux-ci comme moyens pour leurs propres fins ; il ne doit pas agir sur eux comme sur la matière inerte ou l'animal, de façon à atteindre seulement son but par leur intermédiaire, sans avoir tenu compte de leur liberté. – Il ne doit pas rendre un être raisonnable vertueux ou sage ou heureux contre son gré. Sans compter que cette peine serait perdue, et que personne ne peut devenir vertueux, sage ou heureux si ce n'est par son propre travail et son propre effort –

* Rousseau, *Du Contrat social*, livre I, chap. I.

outre que ce que l'homme ne peut pas, il ne doit même pas le vouloir, quand même il pourrait ou croirait le pouvoir ; car c'est illégitime, et il se met par là en contradiction avec lui-même.

La loi de l'accord formel et total avec soi-même détermine aussi *positivement* la tendance à la sociabilité, et nous atteignons ainsi la destination propre de l'homme dans la société. – Tous les individus qui appartiennent à l'humanité sont différents entre eux ; il n'y a qu'un point où ils s'accordent totalement, leur but ultime, la perfection. La perfection n'est déterminée que d'une façon : elle est totalement identique à elle-même ; si tous les hommes pouvaient devenir parfaits, ils pourraient atteindre leur fin suprême et ultime, ils seraient tous entièrement identiques entre eux ; ils ne seraient qu'un, un unique sujet. Or dans la société chacun s'efforce de rendre l'autre plus parfait, à tout le moins selon ses concepts ; de l'élever à son idéal, celui qu'il s'est fait de l'homme. Par conséquent, la fin ultime et suprême de la société est l'unité totale et l'unanimité entre tous les membres possibles de cette société. Cependant il est impossible d'atteindre cette fin, d'atteindre la destination de l'homme en général – ce qui suppose qu'on atteigne la perfection absolue ; but inaccessible en tant que tel – aussi longtemps que l'homme ne doit pas cesser d'être homme et ne doit pas devenir Dieu. L'union entière entre tous les individus est par conséquent la *fin ultime*, mais non la destination de l'homme dans la société.

Mais approcher et s'approcher indéfiniment de cette fin, – c'est là ce qui peut et qui doit être fait par l'homme. Ce progrès vers l'unité entière et l'unanimité entre tous les individus, nous pouvons l'appeler union [*Vereinigung*]. La vraie destination de l'homme dans la société est une association qui soit sans cesse plus profonde en intimité, sans cesse plus large en étendue : mais cette association n'est possible que par le perfectionnement – puisque les hommes ne sont unis et ne peuvent s'unir que par leur ultime destination. Nous pourrions donc aussi bien dire : perfectionnement commun, perfectionnement de nous-mêmes par l'influence librement consentie des autres sur nous : et perfectionnement des autres par influence en retour sur eux en tant qu'êtres libres, voilà notre destination dans la société.

41 | Pour atteindre cette destination et l'atteindre de mieux en mieux, nous avons besoin d'une habileté qui n'est acquise et accrue que par la culture, et d'une habileté de deux sortes : il faut être habile à *donner*, c'est-à-dire à agir sur les autres en tant qu'êtres libres, et il faut être capable de *recevoir*, c'est-à-dire de tirer le meilleur parti des actions des autres sur nous. Nous traitons à leur place les deux questions en particulier. On doit surtout chercher à maintenir en soi la seconde aptitude quand, par ailleurs, on a la première aptitude à un niveau élevé ; ou alors on s'arrête et on recule. Il est rare que quelqu'un soit assez parfait pour qu'il ne doive presque pas être *cultivé* par aucun autre, au moins par un côté futile en apparence ou mal discerné.

Je connais peu d'idées plus sublimes, messieurs, que l'idée d'une action universelle de tout le genre humain sur lui-même, de cette vie et de cet effort incessants, de cette émulation pour donner et recevoir la chose la plus noble qui puisse échoir à l'homme, de cet engrenage universel de rouages sans nombre dont le ressort commun est la liberté, et de la belle harmonie qui en résulte. Qui que tu sois, peut dire chacun de nous, toi qui as seulement figure humaine, tu es pourtant un membre de cette grande communauté ; aussi incalculable que soit le nombre des membres par l'intermédiaire desquels se transmet cette action – j'agis pourtant moi aussi sur toi, et tu agis pourtant toi aussi sur moi ; aucun de ceux qui portent ne serait-ce que la marque de la raison, et encore, si grossièrement qu'elle soit exprimée, n'est là en vain pour moi. Pourtant je ne te connais pas, tu ne me connais pas non plus : – oh, aussi sûrement que nous possédons en nous l'appel de la société pour être bons et devenir sans cesse meilleurs, aussi sûrement – et cela durerait-il des millions ou des milliards d'années – car qu'est-ce que le temps ? – aussi sûrement viendra un jour, un temps où moi aussi je t'emmènerai dans ma sphère d'action, où moi aussi je te ferai du bien et où je pourrai recevoir des bienfaits de toi, où aussi ton cœur sera attaché au mien par la très belle alliance [*Band*] de l'acte libre et réciproque de donner et de recevoir.

SUR LA DIFFÉRENCE DES POSITIONS
DANS LA SOCIÉTÉ

On a analysé la destination de l'homme *en soi*, ainsi que la destination de l'homme *dans la société*. Le savant n'est savant que dans la mesure où il est considéré dans la société. Nous pouvons donc passer maintenant à l'examen de la question : quelle est en particulier la destination du savant dans la société ? – mais le savant n'est pas uniquement un membre dans la société ; il est en même temps membre d'un ordre particulier [*eines besondern Standes*]. Du moins on parle d'un ordre des savants ; on montrera en son temps si c'est légitime ou non.

Notre recherche principale – celle de la destination du savant – suppose donc en plus des deux recherches déjà menées à terme une troisième, à savoir l'examen de cette question importante : quelle est en général l'origine de la différence des positions sociales [*der Stände*] entre les hommes ? ou aussi : quelle est l'origine de l'inégalité parmi les hommes ?

Même sans la recherche menée auparavant, le mot « position » [*Stand*] fait d'emblée comprendre qu'il devrait désigner non pas quelque chose qui aurait surgi par hasard et sans que nous y soyons pour rien, mais quelque chose d'instauré et d'ordonné par un libre choix d'après le concept d'une fin. Pour l'inégalité qui naît du hasard sans que nous y soyons pour rien, *l'inégalité physique*, la nature peut en assumer la responsabilité : mais *l'inégalité des positions sociales* paraît être une inégalité morale ; à son sujet, la question suivante se pose donc tout à fait naturellement : de quel droit y a-t-il différentes positions sociales ?

On a déjà souvent cherché à répondre à cette question ; on est parti des principes de l'expérience, on a rhapsodiquement énuméré de la façon dont on les comprenait les buts de toute sorte que l'on peut atteindre grâce à une telle différence, – les avantages de toute sorte que l'on peut y gagner ; mais par là on répondait chaque fois à une autre question plutôt qu'à celle qui était posée ici. L'*avantage* d'une certaine institution [*Einrichtung*] pour les uns ou les autres ne prouve pas sa *légitimité* ; et la question que nous avons posée n'est pas du tout la question historique : quel but peut-on bien avoir eu dans cette organisation ? Mais la question morale : a-t-il été permis de conclure une telle organisation, et aussi quel pourrait avoir été de tout temps son but ? La question aurait dû être résolue à partir des principes de la raison pure et surtout de la raison pratique ; une telle solution n'a même pas – autant que je sache
43 – encore été seulement cherchée. | – Je suis obligé de donner avant cette solution quelques propositions universelles tirées de la Doctrine de la Science.

Toutes les lois de la raison ont leur fondement dans l'être de notre esprit ; mais c'est d'abord par une expérience à laquelle elles peuvent s'appliquer qu'elles parviennent à la conscience empirique ; et plus elles ont l'occasion de s'appliquer souvent, plus elles se lient intimement avec cette conscience. Ainsi en est-il de *toutes* les lois de la raison – ainsi en est-il en particulier des lois de la raison pratique – qui ne visent pas seulement à un simple *jugement*, comme les lois théoriques, mais à une activité en dehors de nous et qui s'annoncent à la conscience sous la forme de *tendances* [*Trieben*]. Le principe fondamental [*Grundlage*] pour toutes les tendances est dans notre être ; mais pas autrement encore que comme un principe fondamental. Il faut que chaque tendance soit *éveillée* par l'expérience, si elle doit parvenir à la conscience ; et qu'elle soit *développée* par de fréquentes expériences du même genre, si elle doit se changer en *inclination* [*Neigung*], et si la satisfaction de cette tendance doit devenir une exigence. Mais l'expérience ne dépend pas de nous-mêmes, et par conséquent l'éveil et le développement de nos tendances n'en dépendent pas non plus en général.

Le Non-Moi indépendant, comme fondement de l'expérience, ou si l'on veut la *Nature* est une diversité ; aucune de ses parts n'est parfaitement semblable à l'autre, proposition qui est soutenue dans la philosophie kantienne et qui est prouvée rigoureusement en elle ; il s'ensuit que la nature agit de façons très diverses sur l'esprit humain aussi, et qu'elle ne développe jamais de la même manière les capacités et disposi-tions de celui-ci. C'est ce mode d'action différencié de la nature qui détermine les *individus* et ce que nous appelons leur nature individuelle, empirique et particulière ; et nous pouvons dire à cet égard : aucun individu n'est parfaitement semblable à un autre au point de vue de l'éveil et du développement de ses capacités. – De là une inégalité physique s'installe sans que nous y ayons contribué en rien, sans même que nous ayons pu la supprimer par notre liberté : car – avant que nous puissions nous opposer par la liberté à l'influence de la nature sur nous, il faut que nous soyons parvenus à la conscience et à l'usage de cette liberté ; or nous ne pouvons y parvenir que par cet éveil et ce développement de nos tendances, ce qui ne dépend pas de nous.

Mais la loi suprême de l'humanité et de tous les êtres raisonnables, la loi de l'accord total avec nous-mêmes, de l'identité absolue, dans la mesure où elle devient positive et matérielle par l'application à une nature exige que dans l'individu toutes les dispositions soient également développées, que toutes les capacités soient cultivées pour être les plus parfaites **44** possibles, – exigence dont | la loi ne suffit pas à réaliser l'objet, parce que la satisfaction de cette exigence, d'après ce que nous avons dit à l'instant, ne dépend pas de la seule loi, ni de *notre volonté* déterminable par la loi, en effet, mais *de l'action libre de la nature*.

Si l'on applique cette loi à la société, si l'on présuppose que plusieurs êtres raisonnables existent, alors on implique dans l'exigence que toutes les dispositions doivent être également cultivées en chacun, une autre exigence, *à savoir que tous les différents êtres raisonnables doivent être formés aussi d'une façon égale entre eux*. Si les dispositions sont toutes semblables entre elles, comme elles sont quand elles se fondent uniquement sur la raison pure, si elles doivent être cultivées en tout de la même façon, ce qui est le contenu de cette exigence, il faut alors que le résultat d'une formation [*Ausbildung*] semblable de dispositions semblables soit lui-même partout semblable ; et nous revenons par une autre voie au but de toute société déterminé dans la conférence précédente : *l'égalité complète de tous ses membres*.

Comme on l'a déjà montré par une autre voie dans la conférence précédente, la loi seule ne peut pas plus réaliser l'objet de cette dernière exigence que celui de la première sur laquelle cette dernière se fonde. Mais la liberté de vouloir *doit* et *peut* faire effort pour s'approcher de plus en plus de cette fin.

Et c'est ici en fait qu'intervient l'activité de la tendance à la sociabilité; elle vise à la même fin, et devient le moyen pour s'approcher à l'infini de cette fin, comme c'est exigé. La tendance à la sociabilité ou la tendance à instaurer des rapports de réciprocité avec des êtres raisonnables et libres, – en tant que tels –, comprend en elle les deux tendances suivantes: la *tendance à la communication*, c'est-à-dire la tendance à cultiver chacun dans le domaine où *nous-mêmes* avons été cultivés le plus, la tendance à rendre chacun des autres semblable à nous-mêmes, au meilleur de nous-mêmes, autant que possible; et, en second lieu, la *tendance à recevoir*, c'est-à-dire la tendance à se laisser cultiver par chacun dans le domaine où il est le plus cultivé et où nous le sommes le moins. – C'est ainsi que la faute commise par la nature est compensée par la raison et la liberté; cette culture partielle que la nature a donnée à l'individu devient la propriété de l'espèce entière; et l'espèce entière donne en retour sa culture à l'individu; si nous supposons que tous les individus possibles dans des conditions naturelles déterminées existent, l'espèce donne à l'individu toute la culture possible dans ces conditions. La nature ne donne à chacun qu'une culture unilatérale, | mais elle cultivait 45 cependant chacun dans tous les points sur lesquels elle se trouvait en contact avec des êtres raisonnables. La raison unit ces points, offre à la nature un côté concentré et un côté dispersé, et la contraint à cultiver du moins l'espèce dans toutes ses dispositions particulières, puisqu'elle ne voulait pas cultiver ainsi l'individu. C'est la *raison* qui, par le moyen de ces tendances, a déjà eu soin même de la répartition égale de la culture entre les membres particuliers de la société, et c'est *elle* qui en aura soin ultérieurement; car le domaine de la nature ne va pas jusque-là.

Elle aura soin que chaque individu reçoive *médiatement des mains de la société* toute la culture en entier qu'il n'a pu gagner *immédiatement de la nature*. La société accumulera les avantages des particuliers, comme un bien commun, pour le libre usage de tous et les multipliera ainsi au profit des individus ; elle prendra en une charge commune ce qui manque aux particuliers et le divisera ainsi en une somme de parcelles infiniment petites. – Ou, comme je l'exprime dans une autre formule plus commode pour être appliquée à plusieurs objets : – le but de toute culture de l'habileté est de soumettre la nature à la raison, expression dont j'ai déjà déterminé le sens plus haut, d'accorder l'expérience avec les concepts pratiques et nécessaires que nous avons, pour autant qu'elle n'est pas dépendante des lois de notre faculté de représentation. Ainsi donc la raison est dans une lutte perpétuelle avec la nature ; ce combat ne peut jamais finir, s'il est vrai que nous ne devons pas devenir des Dieux ; mais l'influence de la nature doit et peut devenir de plus en plus faible, la domination de la raison de plus en plus puissante ; cette dernière doit remporter sur l'autre victoire sur victoire. Or un seul individu peut sans doute combattre avec succès la nature sur ses points de contact particuliers, mais en revanche il est irrésistiblement dominé par celle-ci sur tous les autres points. Mais maintenant la société se regroupe et se regroupe pour n'être qu'un seul homme ; ce que le particulier ne pouvait, tous en seront capables par l'union de leurs forces. En fait, chacun livre un combat singulier, mais l'affaiblissement de la nature grâce au combat commun et la victoire que chacun remporte en particulier de son côté profitent à tous. C'est ainsi que précisément grâce à l'inégalité physique des individus une nouvelle stabilité est donnée à l'alliance qui les unit tous en un seul corps ; la pulsion du besoin et la pulsion plus douce encore à satisfaire les besoins les attachent plus intimement les uns aux autres, et la nature a renforcé la puissance de la raison en voulant l'affaiblir.

| Jusqu'à ce point tout va son chemin naturel : nous avons 46
des caractères tout à fait différents, séparés par l'espèce et le
degré de leur formation ; mais nous n'avons pas encore des
positions sociales différentes ; car nous n'avons pas pu encore
montrer de *destination particulière due à la liberté*, aucun
choix libre [*willkürlich*] d'une sorte de culture particulière. –
J'ai dit : nous n'avons pas pu encore montrer de destination
particulière due à la liberté ; et qu'on ne comprenne pas cela de
travers ou à moitié. – La tendance à la sociabilité en général est
liée bien sûr à la liberté ; mais elle ne donne qu'une impulsion,
elle ne contraint pas. On peut lui résister et la soumettre. On
peut, poussé par l'égoïsme misanthropique, s'en séparer en
bloc, se refuser à recevoir quelque chose de la société, pour ne
pas être obligé de lui donner quoi que ce soit ; on peut, poussé
par une bestialité grossière, oublier la liberté de la société et
la considérer comme quelque chose qui est soumis au seul
arbitraire de notre volonté ; parce qu'on ne se considère pas soi-
même autrement que soumis à l'arbitraire de la nature [*Willkür
der Natur*]. – Mais ce n'est pas la question ici. Si l'on suppose
que l'on n'obéisse que d'une façon générale à la tendance à la
sociabilité, alors il y a nécessairement parmi les directions où
mène cette tendance celle qui consiste à communiquer ce
qu'on a de bon à celui qui en a besoin, – et à recevoir ce qui nous
manque de celui qui le détient. – Et pour cela, il n'est nullement
besoin d'une détermination ou d'une modification particulière
de la tendance à la sociabilité par un acte nouveau de la liberté :
et c'est seulement cela que j'ai voulu dire.

La différence caractéristique est celle-ci : *c'est sous les
conditions analysées jusque-là que je me donne*, en tant
qu'individu, à la nature pour qu'elle développe particulièrement en moi quelque disposition partielle, *parce que c'est une
obligation* ; je n'ai en cela aucun choix, mais je suis involontairement les directions de la nature ; je prends tout ce qu'elle me

donne, mais je ne peux pas prendre ce qu'elle ne veut pas me donner ; je ne néglige aucune occasion de me cultiver à autant de points de vue que je puis ; seulement je ne crée aucune occasion car je n'en ai pas le pouvoir. – *Si au contraire je choisis* une position sociale – si seulement une position sociale doit être quelque chose de choisi par libre décision de la volonté, comme cela doit pourtant bien être d'après l'usage de la langue – si je choisis une position sociale, alors il faut que je sois libre de m'être donné *auparavant* à la nature, simplement pour pouvoir choisir – car il faut que différentes tendances soient déjà parvenues en moi à la conscience ; mais *dans le choix même*, je décide pourtant de ne tenir dorénavant aucun compte de certaines instigations que la nature voudrait bien me proposer, pour *appliquer exclusivement* toutes mes forces et toutes les faveurs de la nature au développement *d'une unique ou de plusieurs aptitudes déterminées* ; et c'est par l'aptitude

47 particulière | au développement de laquelle je me consacre qu'est déterminée ma position sociale.

La question est soulevée : *dois-je* choisir une position sociale déterminée ; ou, si ce n'est pas un *devoir* pour moi, m'est-il *permis* de me consacrer exclusivement à une position sociale déterminée, c'est-à-dire une culture partielle ? Si je le dois, si c'est un devoir inconditionné de choisir une position sociale déterminée, alors il faut qu'on puisse déduire de la loi suprême de la raison une tendance qui pousse au choix d'une position sociale ; il faut aussi qu'une telle tendance soit déduite à l'intention de la société en général ; mais si cela m'est seulement permis, alors on ne pourra pas déduire de cette loi une telle tendance, mais seulement une permission ; et pour déterminer le vouloir au choix effectif de ce qui est seulement permis par la loi, il faut déceler un donné empirique (*Datum*), qui détermine non pas une loi mais simplement une règle de prudence [*eine Regel der Klugheit*]. La recherche montrera ce qu'il en est.

La loi dit : cultive toutes tes dispositions complètement et uniformément, dans la mesure seule de tes possibilités ; mais elle ne détermine en rien à ce sujet si je dois les exercer immédiatement sur la nature, ou médiatement par l'intermédiaire de la communauté avec d'autres. Sur ce point par conséquent, le choix est laissé entièrement à ma propre prudence. La loi dit : soumets la nature à tes fins ; mais elle ne dit pas que, si je devais trouver cette nature déjà cultivée suffisamment par d'autres en vue de certaines de mes fins, je doive néanmoins la cultiver encore davantage pour toutes les fins possibles de l'humanité. La loi n'interdit donc pas de choisir une position sociale particulière ; – mais elle ne l'ordonne pas, précisément parce qu'elle ne le défend pas. Je suis sur le terrain de la libre décision [*der freien Willkür*] ; j'ai la permission de choisir une position sociale, et j'ai à chercher des principes de détermination entièrement différents de ceux qui sont immédiatement dérivés de la loi, pour décider, non pas si je dois choisir telle ou telle position – nous en parlerons une autre fois – mais si en général je dois ou non choisir une position.

Dans l'état présent des choses, l'homme est né dans la société ; il ne trouve plus une nature grossière, mais préparée de diverses façons en vue de ses buts possibles. Il trouve une foule de gens occupés dans différentes ramifications à façonner cette nature sous toutes ses faces pour l'usage des êtres raisonnables. Il trouve déjà fait beaucoup de ce que lui-même aurait dû faire en outre. Peut-être pourrait-il avoir une existence très agréable en se dispensant en général d'appliquer immédiatement à la nature ses forces ; peut-être pourrait-il atteindre une certaine perfection en se contentant de jouir de ce que la société a déjà fait et de ce qu'elle fait en particulier pour sa propre culture. Mais il n'a pas la permission de le faire : il faut qu'il cherche au

moins à acquitter sa dette envers la société ; il faut qu'il occupe
48 sa place ; | il faut qu'il s'efforce au moins d'accroître d'une
façon quelconque la perfection de l'humanité qui a tant fait
pour lui.

Pour ce faire, deux voies s'offrent à lui : ou bien il se
propose de façonner la nature sous toutes ses faces ; mais alors
il faudrait peut-être qu'il passe toute sa vie et plusieurs vies s'il
en avait plusieurs, à acquérir seulement la connaissance de ce
qui a déjà été fait avant lui sous l'action des autres et de ce qui
reste à faire ; et sa vie serait perdue pour l'humanité, non certes
par une faute de mauvaise volonté, mais par une faute d'impru-
dence. Ou bien il saisit n'importe quelle branche particulière,
qu'il a peut-être le plus à cœur de mener à un achèvement total
pour le moment : c'est pour élaborer cette partie qu'il avait
peut-être été le mieux cultivé auparavant par la nature et par la
société, et il s'y consacre exclusivement. Pour la culture de ses
autres facultés personnelles, il s'en remet à la société qu'il a le
projet, le courage et la volonté de cultiver dans la branche qu'il
a choisie. Il a ainsi choisi une position sociale, et ce choix est en
soi pleinement légitime. Cependant cet acte de liberté comme
tous les autres est soumis à la loi morale en général, dans la
mesure où elle est la règle de nos actions, ou si l'on veut à
l'impératif catégorique que j'exprime ainsi : ne sois jamais
en contradiction avec toi-même en ce qui concerne les
déterminations de ta volonté – loi qui, exprimée dans cette
formule, peut être satisfaite par chacun, quand la détermination
de notre volonté dépend non pas de la nature, mais uniquement
de nous-mêmes.

Le choix d'une position sociale est opéré par la liberté ;
par conséquent il n'est pas permis qu'un homme quelconque
soit contraint à une position ou soit exclu d'une position
quelconque. Toute action particulière comme toute organisation [*Veranstaltung*] universelle qui résulte d'une telle

contrainte est illégitime, opposée à la loi morale, sans compter que c'est opposé aux règles de prudence de contraindre un homme à une position sociale et de l'exclure d'une autre, parce que personne ne peut connaître parfaitement les talents particuliers de l'autre, et qu'ainsi la société perd souvent un membre du fait qu'il est installé à une place injuste. Même sans tenir compte de cela, cette contrainte et illégitime en soi; car elle met notre action en contradiction avec notre concept pratique de cette action. Nous voulions un *membre* de la société et nous faisons un *outil* de celle-ci; nous voulions un *libre collaborateur* à notre vaste plan, et nous faisons un *instrument passif et servile* de ce plan; par notre institution [*Einrichtung*], nous tuons l'homme en lui, autant que cela dépend de nous et nous sommes coupables envers lui et envers la société.

On a choisi une position sociale déterminée, la culture plus approfondie d'un talent déterminé, | *pour pouvoir rendre à la* **49** *société ce qu'elle a fait pour nous*; par conséquent chacun est tenu d'appliquer effectivement aussi sa culture au profit de la société. Personne n'a le droit de travailler simplement pour sa jouissance personnelle, de se séparer de ses semblables et de rendre sa culture inutile pour eux; car c'est justement par les travaux de la société qu'il a été mis en état d'acquérir cette culture, elle est en un certain sens le produit, la propriété de la société; et il la prive de sa propriété, s'il ne veut pas s'en servir à cet effet. Chacun a le devoir, non seulement de vouloir être utile en général à la société, mais encore de diriger tous ses efforts, selon ce qu'il sait le mieux, sur la fin ultime de la société, fin qui consiste à améliorer de plus en plus le genre humain, c'est-à-dire à le libérer de plus en plus de la contrainte de la nature, à lui donner de plus en plus d'autonomie et d'activité indépendante –, et ainsi s'instaure en fait, grâce à cette nouvelle inégalité, une nouvelle égalité, c'est-à-dire un progrès uniforme de la culture chez tous les individus.

Je ne dis pas que cela se passe toujours comme je l'ai dépeint maintenant; mais cela devrait être ainsi d'après nos concepts pratiques de la société et de nos différentes positions dans celle-ci, et nous pouvons et devons travailler pour faire que cela devienne tel. – Quelle peut être la force d'action de la position de savant en vue de cette fin, et quels moyens sont en sa puissance pour cela, c'est ce que nous verrons en son temps.

Si nous considérons l'idée analysée en elle seule, sans la mettre en rapport avec nous-mêmes, nous apercevons pourtant au moins un lien [*Verbindung*] en dehors de nous qui fait que personne ne peut travailler pour soi-même sans travailler pour tous les autres, ni travailler pour tous les autres sans travailler en même temps pour soi-même – attendu que le progrès d'un seul membre est un progrès pour tous et que la régression [*Verlust*] d'un seul est régression pour tous : perspective qui nous fait déjà un bien profond et nous élève l'esprit, grâce à l'harmonie que nous apercevons dans la plus extrême diversité.

L'intérêt croît quand on jette un regard sur soi-même et qu'on se considère comme un membre de cette vaste et intime relation. Le sentiment de notre dignité et de notre force croît, si nous nous disons ce que chacun d'entre nous peut se dire : mon existence n'est pas vaine et sans but; je suis un maillon nécessaire de la grande chaîne qui va depuis le moment où le premier homme est parvenu à la pleine conscience de son existence jusqu'à l'éternité; tout ce qui fut jamais de grand, de sage et de noble parmi les hommes – les bienfaiteurs de l'humanité dont je lis les noms tracés dans l'histoire du monde, et les hommes plus nombreux qui ont rendu de réels services sans laisser de nom, – eux tous ont travaillé pour moi ; – je suis venu pour récolter leurs fruits ; – sur la terre qu'ils ont habitée, je foule les traces de leurs pas qui répandent leurs faveurs. Je
50 puis dès que | je veux embrasser la tâche sublime qu'ils avaient

prise à leur charge : donner de plus en plus de sagesse et de bonheur à notre commune race de frères ; je puis continuer la construction là où ils ont dû s'arrêter ; je puis rapprocher de son achèvement le temple sacré qu'ils ont dû laisser inachevé.

« Mais il faudra que je m'arrête comme eux ! », pourrait-on dire. – Ah ! de toutes c'est la pensée la plus sublime : si j'entreprends cette tâche sublime, je n'aurai jamais fini ; aussi sûrement que c'est ma destination de l'entreprendre, je puis ne jamais cesser d'*agir*, et par conséquent ne jamais cesser d'*être*. Ce qu'on appelle mort ne peut briser mon œuvre ; car mon œuvre doit être achevée, et comme elle ne peut être achevée en aucun temps, il n'est pas fixé de temps à mon existence, – et je suis éternel. En entreprenant cette grande tâche, j'ai tiré à moi l'éternité. J'élève ma tête hardiment vers les cimes menaçantes, vers les tempêtes qui font rage, vers les nuages qui tonnent et voguent dans une mer de feu, et je dis, je suis éternel, et je défie leur puissance ! Faites tout tomber sur moi, et toi terre, et toi ciel, mêlez-vous en un tumulte sauvage, et vous, tous les éléments, crachez, faites rage, et broyez dans un combat sauvage la dernière particule du corps que je dis mien ; – seule, ma volonté doit, avec son plan déterminé, flotter, hardie et froide, sur les ruines de l'univers ; car j'ai atteint ma destination et elle est plus durable que vous ; elle est éternelle et je suis éternel, comme elle.

SUR LA DESTINATION DU SAVANT

Je dois parler aujourd'hui de la destination du savant.

Ce sujet me met dans une situation particulière. Vous tous, messieurs, ou au moins la plupart d'entre vous, avez choisi les sciences pour occupation de votre vie, et j'ai fait comme vous; vous tous – on peut l'admettre – appliquez toute votre force pour pouvoir être comptés avec honneur au nombre des savants; et j'ai fait et je fais la même chose. C'est en tant que savant et devant des savants en herbe que je dois traiter de la destination du savant. Je dois faire sur ce sujet une recherche sérieuse, et si j'en suis capable, qui le mène à son terme; je ne dois rien négliger dans la présentation de la vérité. Et, | si je 51 découvre pour cette position sociale une destination très honorable, très sublime et très nettement placée au-dessus de toutes les autres positions, comment pourrai-je la mettre à jour sans offenser la modestie, mépriser les autres situations [*Stände*], et sembler aveuglé par la vanité? – Mais je parle en tant que philosophe à qui il incombe de déterminer avec acuité chaque concept. Que puis-je contre le fait que ce concept justement soit à son tour dans le système? Je ne puis rien cacher de la vérité que j'ai reconnue. Elle est toujours la vérité et même la modestie lui est subordonnée, et c'est une fausse modestie, là où elle agit à l'encontre de la vérité. Étudions donc ce sujet en restant d'abord froids et comme s'il n'avait pas de rapport avec nous ; étudions-le comme un concept d'un monde à nous entièrement étranger. Aiguisons d'autant plus nos preuves. N'oublions pas ce que je pense présenter en son temps avec l'insistance la plus forte : que chaque position sociale est nécessaire ; que chacune mérite notre respect ; que ce n'est pas la position sociale mais la façon dont on la remplit qui honore l'individu ; et que chacun n'est digne d'honneur que dans la mesure où il s'approche le plus à son tour du parfait accomplissement de son rôle ; – que justement pour cette raison le savant a des raisons d'être le plus modeste de tous, parce qu'il lui est assigné un but dont il restera toujours bien éloigné, – parce qu'il doit atteindre un idéal très élevé dont il ne se rapproche habituellement qu'en gardant malgré tout une grande distance.

Il y a dans l'homme plusieurs tendances et plusieurs dispositions, et c'est la destination de chaque être singulier de cultiver toutes ses dispositions aussi loin seulement qu'il le peut. Il y a en lui parmi d'autres tendances la tendance sociale ; celle-ci lui offre une culture nouvelle et particulière, – la culture sociale – et une extraordinaire facilité de culture en général. A ce sujet il n'y a rien de prescrit à l'homme, – qu'il veuille cultiver toutes ses dispositions ensemble dans la nature sans médiation, ou qu'il veuille les cultiver par la médiation de la société. La première solution est difficile et ne fait pas progresser la société ; aussi chaque individu a-t-il raison de choisir pour soi un rameau déterminé de la culture générale, de laisser les autres rameaux aux autres membres de la société, et d'espérer qu'ils *le* laisseront prendre part au profit de *leur* culture, comme il *les* fait prendre part à la *sienne* ; et c'est là l'origine et la cause légitime de la différence des positions dans la société.

Tels sont les résultats de mes conférences précédentes. Une hiérarchie des différentes positions sociales d'après des concepts purs de la raison, qui est possible à bon droit, devrait avoir pour fondement un dénombrement exhaustif de toutes les dispositions et exigences naturelles de l'homme (non pas sans doute de ses exigences artificielles). – Une position sociale particulière peut se consacrer à la culture de chaque disposition ou – cc qui revient au même – à la satisfaction de chaque exigence naturelle qui se fonde sur une tendance originairement inscrite en l'homme. | Nous réservons cette recherche pour un 52 autre temps, pour en entreprendre une plus proche de nous dans l'heure présente.

Si l'on soulevait la question de la perfection ou de l'imperfection d'une société instituée d'après les principes que nous avons indiqués – et chaque société s'institue grâce aux tendances naturelles de l'homme et sans aucune autorité dirigeante, d'elle-même entièrement, exactement comme il résulte de notre recherche sur l'origine de la société –, si, dis-je, on soulevait cette question, il faudrait pour y répondre examiner d'abord la question suivante : dans la société donnée, se soucie-t-on du développement et de la satisfaction de *tous* les besoins, et surtout du développement et de la satisfaction *uniforme* de tous ceux-ci ? Si l'on s'en souciait, la société serait parfaite en tant que société, c'est-à-dire non pas qu'elle *atteindrait* son but, chose impossible d'après nos précédentes considérations ; mais qu'elle serait instituée de telle façon qu'elle dût s'*approcher* nécessairement de plus en plus près de ce but ; si l'on ne s'en souciait pas, elle pourrait sans doute bien, par un heureux hasard, progresser dans la voie de la culture, mais on ne pourrait jamais compter sûrement là dessus; un malheureux hasard pourrait aussi bien la faire rétrograder.

Le souci de ce développement uniforme de toutes les dispositions de l'homme suppose en premier lieu la connaissance de l'ensemble de ses dispositions, la science de toutes ses tendances et de tous ses besoins, le sondage de tout son être. Mais cette connaissance complète de l'homme tout entier se fonde elle-même sur une disposition qui doit être développée; car il y a en fait en l'homme une tendance à *savoir* et à savoir en particulier ce qu'il lui faut. Le développement de cette disposition exige cependant tout le temps et toutes les forces d'un homme; s'il y a un besoin commun qui exige avec insistance qu'une position sociale particulière se voue à sa satisfaction, c'est celui-ci.

Or la seule *connaissance* [*Kenntnis*]* des dispositions et des besoins de l'homme, sans la science de les *développer* et de les *satisfaire*, ne serait pas seulement une connaissance extrêmement triste et accablante, elle serait en même temps une connaissance vide et complètement inutile. – Celui qui me montre ce qui me manque sans me donner le moyen par lequel je pourrais combler ce manque agit très inamicalement envers moi; de même celui qui m'amène à la conscience [*Gefühl*] de mes besoins sans me mettre en état de les satisfaire. Il aurait mieux fait de me laisser dans mon ignorance animale! – En bref, cette connaissance ne serait pas la connaissance que réclamait la société, et pour laquelle elle devait avoir une position sociale particulière, qui fût en possession des connaissances; car elle n'aurait pas pour but le

---

* *Cf.* Kant, *Logique*, introduction, VIII, A98, trad. L. Guillermit, Paris, Vrin, 1997, p. 72 : *kennen, noscere*; *erkennen, cognoscere*.

perfectionnement de l'espèce et, par le moyen de ce perfectionnement, l'union de l'humanité, ce qui serait pourtant son devoir. – | À cette connaissance des besoins doit donc être **53** associée la connaissance des *moyens nécessaires à leur satisfaction*; et il est juste que ce soit la même position sociale qui ait pour lot cette connaissance parce que, l'une sans l'autre, ces connaissances ne peuvent pas atteindre leur achèvement et encore moins devenir actives et vivantes. La connaissance de la première espèce se fonde sur des principes purs de la raison, et est *philosophique*; celle de la seconde espèce se fonde en partie sur l'expérience et est dans cette mesure rattachée à la connaissance *philosophico-historique* (pas seulement à l'histoire; car il faut dans ce domaine que je rapporte les fins qui ne peuvent être reconnues que philosophiquement aux objets donnés dans l'expérience, pour pouvoir apprécier ceux-ci comme moyens d'atteindre ces fins). – Cette connaissance doit devenir utile à la société; par conséquent, sur ce sujet, il ne suffit pas de savoir en général quelles sont les dispositions de l'homme, et par quels moyens en général on pourrait les développer; une telle connaissance resterait encore complètement stérile. Il faut qu'elle fasse encore un pas de plus, pour parvenir effectivement à l'utilité souhaitée. Il faut que l'on sache à quel degré précis de la culture se tient à un instant précis la société dont on est membre, – par quels degrés précis à partir de celui-ci elle peut s'élever, et quels moyens elle doit utiliser pour cela. Maintenant on peut bien entendu tracer le chemin de l'humanité à partir des principes de la raison, à condition de présupposer une expérience en général, avant toute expérience précise; on peut sans courir de risque indiquer les degrés précis par lesquels elle doit passer pour s'élever et atteindre à un stade précis de la culture; mais indiquer le degré auquel elle se trouve à un instant précis, c'est absolument impossible à partir des seuls principes de la raison; là-dessus on doit interroger l'expérience; il faut faire un examen approfondi des circonstances antérieures – mais avec un regard éclairé par la philosophie –; il faut porter ses regards autour de soi et observer ses contemporains. Cette dernière partie de la connaissance nécessaire à la société est donc purement *historique.*

Si l'on réunit les trois genres de connaissance indiqués, – et en dehors de cette union ils ne seraient cause que de peu d'utilité –, on obtient ce qu'on appelle ou du moins ce qu'on devrait appeler exclusivement la connaissance scientifique [*Gelehrsamkeit*]; et celui qui consacre sa vie à acquérir ces connaissances s'appelle le savant [*Gelehrter*].

Cependant chacun ne doit pas embrasser la sphère entière du savoir humain selon ces trois genres de connaissance – le plus souvent ce serait impossible et justement parce que c'est impossible, l'effort déployé serait stérile et la vie entière d'un
54 membre – qui aurait pu être utile à la société – | serait gaspillée en pure perte. Un individu donné peut se délimiter une partie donnée de ce domaine; mais chacun devrait travailler sa partie selon ces trois points de vue : philosophie, connaissance philosophico-historique, histoire. – Je ne fais là qu'esquisser ce que je développerai plus au long à un autre moment; pour le moment c'est seulement par mon témoignage que je soutiens que l'étude d'une philosophie sérieuse ne dispense pas du tout d'acquérir des connaissances empiriques, pourvu seulement qu'elles soient sérieuses, et je montre qu'au contraire une telle étude démontre d'une façon irréfutable que ces connaissances sont indispensables. – Le but de toutes ces connaissances est celui que nous avons indiqué plus haut : c'est que par leur moyen on ait soin que toutes les dispositions de l'humanité se développent avec uniformité et dans un continuel progrès : de

là découle la véritable destination de la position sociale de savant : c'est *de surveiller d'en-haut le progrès effectif de l'humanité en général, et de favoriser sans relâche ce progrès.* – Je me fais violence, messieurs, pour ne pas me laisser entraîner à l'émotion devant l'idée sublime qui est maintenant exposée : le chemin de la froide recherche n'est pas encore terminé. Mais il faut pourtant que j'indique en passant ce que feraient exactement ceux qui chercheraient à entraver le libre progrès des sciences. Je dis *feraient*; car comment puis-je savoir s'il y a ou non des gens de cette sorte ? Du progrès des sciences dépend immédiatement le progrès tout entier de l'humanité. Qui arrête l'une arrête l'autre. Et celui qui l'arrête, quel caractère prend-il ouvertement aux yeux de son époque et de la postérité ? Par ses actions parlant plus haut que mille voix, il crie au monde et à la postérité dont les oreilles sont assourdies de ces cris : aussi longtemps du moins que je vivrai, les hommes autour de moi ne doivent pas devenir plus sages ni meilleurs ; car dans leur marche violente, moi aussi j'aurais été entraîné au moins en quelque domaine, malgré toute ma résistance ; et c'est ce que j'ai en horreur : je ne veux progresser ni dans les lumières ni dans l'honneur : obscurité et corruption sont mon élément, et j'emploierai mes dernières forces à ne pas m'en laisser arracher. – L'humanité peut se passer de tout, on peut tout lui ravir sans froisser sa véritable dignité ; mais pas la possibilité de se perfectionner. Froids et plus rusés que l'être hostile aux hommes que nous peint la Bible, ces misanthropes ont réfléchi, calculé et choisi, du fond de l'abîme le plus sacré l'endroit où ils pourraient atteindre l'humanité pour l'écraser en germe – et ils ont trouvé ce moyen. – L'humanité se détourne avec indignation [*unwillig*] de leurs regards. – Nous revenons à notre recherche. –

55 | La science est seulement un rameau de la culture humaine; chaque rameau de celle-ci doit s'accroître, s'il est vrai que toutes les dispositions de l'humanité doivent s'accroître en culture; il appartient donc au savant comme à chaque homme qui a choisi une position sociale particulière, de s'efforcer d'accroître la science et en particulier la partie de la science qu'il a choisie; c'est son devoir comme celui de chaque homme dans sa discipline; c'est même pour lui plus un devoir que pour les autres. Il doit veiller aux progrès des autres positions sociales, les faire aller de l'avant; et lui-même ne voudrait *pas* progresser? De son progrès dépendent les progrès de la culture humaine dans tous les autres domaines; il doit toujours précéder les autres pour leur frayer la voie, pour rechercher cette voie, et les diriger sur elle; et il voudrait rester en arrière? Dès cet instant il cesserait d'être ce qu'il devrait être; et comme il ne deviendrait nullement autre, il ne serait plus rien du tout. – Je ne dis pas que tout savant doive *faire croître effectivement* son domaine; et s'il ne le peut pas? mais je dis qu'il doit *s'efforcer* de le faire croître; qu'il ne doit pas se reposer ni croire qu'il a suffisamment rempli son devoir tant qu'il ne l'a pas fait croître. Tant qu'il est en vie, il pourrait pourtant le faire croître sans cesse; si la mort le ravit avant qu'il ait atteint son but, – eh bien! il est délié de ses devoirs envers ce monde des phénomènes, et on lui tient compte de sa sérieuse volonté comme si elle avait été accomplie. Si la règle suivante vaut pour tout homme, elle vaut particulièrement pour le savant: que le savant oublie ce qu'il a fait dès qu'il l'a fait, et qu'il ne pense sans relâche qu'à ce qu'il a encore à faire. Il n'est pas encore loin en besogne celui qui ne voit pas son champ [de travail] s'élargir à chaque pas qu'il y fait.

Le savant est tout particulièrement déterminé pour la société: en tant que savant, et plus que n'importe qui d'une autre position sociale, il n'est là que grâce à la société et pour la société; il a donc en particulier le devoir de cultiver en lui éminemment et au plus haut point possible les talents de sociabilité, l'art de recevoir et de communiquer. L'art de recevoir doit être déjà éminemment développé en lui, s'il a acquis comme il convient les connaissances empiriques convenables. Il doit connaître ce qui dans sa science était déjà là avant lui : il ne peut l'avoir appris sans enseignement – que ce soit un enseignement oral ou livresque – ni l'avoir tiré par réflexion des seuls principes de la raison. Mais il doit conserver cet art de recevoir par une étude prolongée avec continuité; et il doit se garder de ce qui arrive souvent, et parfois à des penseurs éminemment indépendants, c'est-à-dire d'être hermétiquement fermé en face des opinions des autres et de leur façon de les présenter; car personne n'est instruit à ce point qu'il ne puisse pas prolonger sans cesse ses études, et qu'il n'ait parfois à apprendre encore | quelque chose de très nécessaire; et il est **56** rare que quelqu'un soit assez ignorant pour qu'il ne doive pas pouvoir dire même au plus savant quelque chose que celui-ci ne sait pas. Quant à l'art de communiquer, le savant en a toujours besoin; car il ne possède pas sa connaissance pour soi-même, mais au contraire pour la société. Dès sa jeunesse il a à exercer cet art, il doit le garder en perpétuelle activité – *par quels moyens*, nous le chercherons en son temps.

La connaissance qu'il a acquise pour la société, il doit maintenant l'appliquer effectivement au profit de la société; il doit faire venir les hommes à la conscience [*Gefühl*] de leurs vrais besoins, et leur faire connaître les moyens de les satisfaire. Or ceci ne veut pas dire qu'il doit s'engager avec eux dans les profondes recherches qu'il a dû entreprendre seul pour trouver quelque chose de certain et de sûr. Il ne viserait ensuite qu'à faire de tous les hommes d'aussi grands savants qu'il peut l'être lui-même; et c'est impossible et inopportun. Les autres tâches doivent aussi être remplies; et c'est pour elles qu'il y a d'autres positions sociales; et si celles-ci devaient consacrer leur temps aux recherches savantes, il faudrait aussi que les savants cessent bientôt d'être savants. Comment doit-il et peut-il cependant propager ses connaissances? La société ne pourrait pas exister sans confiance dans l'honnêteté et l'habileté des autres, et cette confiance est donc profondément empreinte dans notre cœur; et grâce à un bienfait particulier de la nature nous n'éprouvons jamais cette confiance à un plus haut degré que là où nous avons le plus pressant besoin de l'honnêteté et de l'habileté d'autrui. – Il y a en outre chez tous les hommes un sentiment du vrai qui ne suffit assurément pas à lui tout seul, mais qui doit être analysé, mis à l'épreuve et épuré; et c'est précisément là la tâche du savant. Ce sentiment ne suffirait pas à celui qui n'est pas savant pour le guider vers toutes les vérités dont il pourrait avoir besoin; mais à la seule condition qu'il n'ait pas été par ailleurs falsifié assez artificiellement, – et c'est ce qui se passe souvent grâce à des gens qui se comptent pour des savants – ce sentiment suffira toujours à l'homme pour reconnaître la vérité pour la vérité, même sans profonds fondements, si un autre le guide vers elle. – Le savant peut de même compter sur ce sentiment de la vérité. – Ainsi le savant, pour autant que nous avons analysé son concept jusqu'ici, a pour destination d'être le *pédagogue* de l'humanité.

Mais ce n'est pas seulement en général qu'il doit faire connaître aux hommes leurs besoins et les moyens de les satisfaire : il doit les guider en particulier à chaque époque et en chaque endroit au sujet des besoins qui se font jour précisément maintenant à l'intérieur de ces sphères déterminées, et sur les moyens déterminés d'atteindre les buts qu'ils se proposent maintenant. Il ne voit pas seulement le présent, il voit aussi l'avenir; il ne voit pas seulement le point de vue actuel, | il voit 57 aussi dans quelle direction il faut que l'humanité marche désormais, si elle doit rester sur le chemin qui la mène à son but ultime, et ne pas se détourner de lui, ou bien s'éloigner de lui. Il ne peut pas exiger d'entraîner celle-ci d'un seul coup jusqu'au point qui éblouit peut-être ses yeux; elle ne peut pas faire son chemin d'un saut; le savant doit avoir pour seul souci qu'elle ne reste pas sur place ni ne recule. De ce point de vue, le savant est l'*éducateur* du genre humain [*der Erzieher der Menschheit*]. – Je remarque expressément à ce propos que le savant en cette affaire comme en toutes ses affaires, est soumis à l'empire [*Gebiete*]* de la loi morale et de l'accord avec soi-même qu'elle prescrit. Il influence la société; celle-ci se fonde sur le concept de liberté; elle est libre, chacun de ses membres l'est; et le savant ne peut pas la traiter autrement que par des moyens conformes à la morale. Le savant ne doit pas en venir à la tentation d'amener les hommes à admettre ses convictions en se servant de la *contrainte*, en utilisant la force physique; à notre siècle on ne devrait pourtant pas avoir à perdre un seul mot pour lutter contre cette folie; mais le savant ne doit pas non plus *abuser* les hommes. Sans compter que par là il commet une faute contre lui-même, et que dans ce cas les devoirs de l'homme seraient plus relevés que ceux du savant, il commet en même temps par cette action une faute contre la société. En celle-ci chaque individu doit agir en conséquence d'un libre choix et d'une conviction *qu'il a lui-même jugée suffisante*; il doit pouvoir se considérer soi-même comme fin dans chacune de ses actions, et être considéré en tant que tel par chaque

* Les éditeurs de la *G. A.* (I, 3, 57), suggèrent *Gebote*, commandement.

membre. Celui qui est abusé est considéré comme un simple moyen.

La fin ultime de chaque homme singulier aussi bien que de la société entière, par conséquent aussi de tous les travaux du savant à l'égard de la société, c'est de faire croître la noblesse morale de l'homme entier. C'est le devoir du savant d'édifier sans cesse cette fin ultime et de l'avoir devant les yeux en toutes ses actions dans la société. Mais personne ne peut travailler avec bonheur à l'ennoblissement moral s'il n'est lui-même homme de bien. Nous n'enseignons pas seulement par des mots ; nous enseignons encore plus profondément par notre exemple ; et chaque homme qui vit dans la société lui doit un bon exemple, parce que la force de l'exemple vient d'abord de notre vie dans la société. Quel exemple meilleur encore le savant ne lui doit-il pas, lui qui doit précéder les autres positions sociales dans toutes les parties de la culture ! S'il est en arrière pour le bien le plus important et le plus haut que toute culture a pour but, comment peut-il croire être un modèle, ce qu'il doit pourtant être ? et comment peut-il croire que les autres suivront ses enseignements qu'il contredit aux yeux de **58** tous en chacune des actions de sa vie ? (Les mots | que le fondateur de la religion chrétienne adressait à ses disciples valent tout à fait proprement pour le savant* : Vous êtes le sel de la terre ; si le sel s'affadit, avec quoi doit-on le saler ? Si l'élite des hommes est corrompue, où doit-on chercher encore la valeur morale ? –) Ainsi, considéré à ce dernier point de vue, le savant doit être l'homme *de la plus haute valeur morale* de son époque : il doit présenter en soi le plus haut degré de la formation morale possible jusqu'à lui.

* Matthieu, V, 13.

Telle est, messieurs, notre destination commune, tel est notre sort commun. C'est un heureux sort, d'être destiné par sa vocation particulière à faire ce qu'on devrait déjà faire en raison de sa vocation générale, en tant qu'homme – de devoir consacrer son temps et ses forces uniquement à ce pour quoi on devrait autrement économiser temps et force avec une prudente avarice – d'avoir pour travail, pour occupation, pour unique œuvre quotidienne de sa vie ce qui aurait été pour d'autres un suave délassement du travail ! Il est une pensée qui donne force et élève l'âme et parmi vous quiconque est digne de sa destination peut l'avoir : c'est à moi aussi que, dans ma partie, est confiée la culture [*Kultur*] de mon époque et des époques suivantes ; c'est à partir de mes travaux que se développera la marche des générations futures, l'histoire universelle des nations qui doivent encore survenir. Je suis appelé à rendre témoignage à la vérité ; ce qui dépend de ma vie et de mon sort n'est rien ; ce qui dépend des actions de ma vie est infiniment nombreux. Je suis un prêtre de la vérité ; je suis à sa solde ; j'ai pris l'engagement formel de tout faire, tout oser et tout souffrir pour elle. Si à cause d'elle je dois être poursuivi et haï, si je dois même mourir à son service – que ferais-je là d'extraordinaire, que ferais-je là de plus que ce qu'il faudrait absolument que je fasse ? –

Je sais messieurs, le prix de ce que j'ai dit maintenant ; je sais bien aussi qu'une époque privée de virilité et de nerfs ne supporte pas ce sentiment et ses expressions ; que tout ce à quoi elle n'est même pas capable de s'élever, elle le nomme, avec une voix timide, par laquelle la honte intérieure se révèle, « enthousiasme mystique » [*Schwärmerei*], qu'elle détourne avec crainte ses yeux d'un tableau dans lequel elle ne voit rien que son inertie et son ignominie ; que tout ce qui est fort et stimulant fait sur elle la même impression que chaque

impulsion sur un homme paralysé de tous ses membres : je sais tout cela ; mais je sais aussi où je parle. Je parle devant des jeunes gens qui déjà grâce à leur âge sont prémunis de cette totale absence de nerfs, et je voudrais à côté et au moyen d'une
59 éthique virile semer en même temps dans leur âme | des sentiments qui puissent les en préserver dans l'avenir. J'avoue franchement que justement, du point où la Providence m'a placé, je voudrais quelque peu contribuer à propager dans toutes les directions où se parle la langue allemande et plus loin si je pouvais, une manière de penser plus virile, un sentiment plus fort pour la sublimité et la dignité, une ardeur plus enflammée de remplir à tout prix sa destination ; afin qu'un jour, quand vous aurez quitté ces régions et que vous vous serez dispersés dans toutes les extrémités, je sache que, dans les confins où vous vivrez, il y a en vous des hommes qui ont la vérité pour amie d'élection ; qui lui sont attachés à la vie et à la mort ; qui la reçoivent si elle est proscrite de tout l'univers ; qui la défendent ouvertement si elle est calomniée et diffamée ; qui supportent joyeusement pour elle la haine adroitement dissimulée du haut-placé, le sourire fade du spirituel, ou le haussement d'épaule compatissant du petit esprit. C'est dans ce dessein que j'ai dit ce que j'ai dit, et c'est cet ultime dessein que je viserai dans tout ce que je dirai parmi vous.

EXAMEN DES THÈSES DE ROUSSEAU SUR L'INFLUENCE DES ARTS ET DES SCIENCES SUR LA BONTÉ DE L'HUMANITÉ

Pour la découverte de la vérité, la lutte contre les erreurs qui lui sont opposées n'est pas d'un profit important. Si la vérité est déduite une bonne fois de son principe propre par de justes conséquences, alors il faut nécessairement que tout ce qui s'y oppose soit faux, même sans réfutation explicite ; et de même qu'on embrasse du regard tout le chemin qu'il fallait prendre pour arriver à une connaissance certaine, on aperçoit aussi facilement les chemins de traverse qui conduisent à partir de celui-ci à des opinions erronées, et on sera facilement à même d'indiquer d'une façon entièrement déterminée à chacun de ceux qui se trompent le point à partir duquel il s'est trompé. Car chaque vérité ne peut être déduite que d'un seul principe. *Quel doit être* ce principe pour chaque problème déterminé, c'est à une doctrine fondamentale de la science de la montrer. La logique générale prescrira comment on doit tirer des conséquences plus lointaines | à partir de ce principe, et **60** ainsi le vrai chemin aussi bien que le faux se laisse facilement découvrir.

Mais citer les opinions opposées est d'un grand profit pour la *présentation intelligible et claire* de la vérité qu'on a trouvée. Comparer la vérité avec les erreurs nous force à mieux remarquer les marques distinctives qui séparent les deux, et à penser celles-ci avec une précision plus aiguë, et une clarté plus grande. – Je me sers de cette méthode pour vous donner aujourd'hui une courte et claire vue d'ensemble de ce que je vous ai exposé jusqu'ici dans ces leçons.

J'ai situé la destination de l'humanité dans le progrès constant de la culture et le développement uniforme et continuel de toutes ses dispositions et de tous ses besoins ; et j'ai assigné une place très honorable dans la société humaine à la position sociale qui doit veiller sur le progrès et l'uniformité de ce développement.

Personne n'a contredit cette vérité avec des raisons plus manifestes et une éloquence plus vigoureuse que Rousseau. Pour lui, la marche en avant de la culture est l'unique cause fondamentale de toute corruption humaine. D'après lui, il n'y a de salut pour les hommes que dans l'état de nature : et – ce qui découle très justement de ses principes – la position sociale qui concourt le plus au progrès de la civilisation, la position de savant, est d'après lui la source aussi bien que le centre de toute misère et de toute corruption humaine. –

Une telle doctrine est exposée par un homme qui avait cultivé ses propres dispositions jusqu'à atteindre un degré très élevé. De toute la supériorité que lui donnait son éminente culture, il travaille à convaincre si possible l'humanité dans son ensemble de la justesse de sa thèse, à les persuader de retourner à cet état de nature qu'il prônait. – Pour lui, le retour est un progrès ; pour lui, cet état de nature abandonné est le but

dernier auquel doit finalement parvenir l'humanité actuellement gâtée par la corruption et la culture. Il fait par conséquent
exactement ce que nous faisons ; il travaille pour faire avancer
l'humanité à sa manière, pour faire marcher ses progrès
vers son but suprême et ultime. | Il fait donc exactement ce qu'il 61
blâme lui-même si sévèrement ; ses actions entrent en
contradiction avec ses principes.

Cette contradiction est la même que celle qui règne aussi
dans ses principes eux-mêmes. Qu'est-ce qui le poussait
néanmoins à agir sinon quelque instinct dans son cœur ? S'il
avait examiné cet instinct et l'avait placé à côté de celui qui le
poussait à l'erreur, alors il y aurait eu unité et accord dans sa
manière d'agir et dans sa manière de déduire en même temps.
– Si nous résolvons la première contradiction, nous avons
résolu en même temps la seconde ; le point d'unification de
l'une est le point d'unification de l'autre. – Nous trouverons ce
point ; nous résoudrons la contradiction ; nous comprendrons
Rousseau mieux qu'il ne s'est compris lui-même, et nous
l'installerons dans un accord plus parfait avec lui-même et
avec nous.

Qu'est-ce qui pourrait bien avoir conduit Rousseau à ce
singulier principe que sans doute avant lui d'autres avaient déjà
soutenu en partie, mais qui s'oppose entièrement dans sa
généralité à l'opinion commune ? Peut-être l'a-t-il conclu par
pur raisonnement d'un principe encore plus élevé ? Oh non !
Rousseau n'est parvenu d'aucune façon aux principes de tout
le savoir humain ; il ne paraît pas même s'être jamais posé
seulement la question. Ce que Rousseau a de vrai se fonde sans
médiation sur son sentiment ; et sa connaissance a donc le
défaut de toute connaissance fondée sur un simple sentiment
non analysé, c'est d'être d'une part *incertaine*, parce qu'on ne
peut pas rendre compte totalement de son sentiment ; et d'autre

part c'est que *le vrai y est mêlé au faux*, parce qu'un jugement fondé sur un sentiment non analysé pose toujours comme équivalent ce qui pourtant n'est pas équivalent. Sans doute le *sentiment* ne se trompe jamais, mais la faculté de juger [*Urteilskraft*] se trompe quand elle interprète à contre-sens le sentiment, et prend un sentiment mêlé [*gemischtes*] pour un sentiment pur. – Des sentiments non analysés qu'il met à la base de ses réflexions, Rousseau tire des conséquences tout à fait correctes ; une fois arrivé dans la région du raisonnement [*Vernunftschluss*], il est dans l'unité avec soi-même et entraîne ainsi irrésistiblement les lecteurs qui peuvent penser avec lui. Si sur le chemin de la déduction, il avait consenti à laisser le sentiment l'influencer, celui-ci l'aurait ramené sur le bon chemin dont il l'avait lui-même d'abord écarté. Pour moins tomber dans l'erreur Rousseau aurait dû être un penseur ou bien plus pénétrant ou bien moins pénétrant ; et de la même façon il faut, pour ne pas se laisser induire en erreur par lui, qu'on soit ou bien à un degré de pénétration très haut, ou bien à un très bas ; qu'on soit ou tout à fait penseur, ou pas du tout. –

62 | Retiré du grand monde, conduit par la pureté de son sentiment et la vivacité de son imagination, Rousseau s'était formé une image du monde et en particulier de la position sociale de savant, dont les travaux l'occupaient principalement, image qui les montrait tels qu'ils devaient être, qu'il fallait qu'ils fussent et qu'ils seraient nécessairement s'ils suivaient ce sentiment commun. Il vint dans le grand monde ; il jeta les yeux autour de lui ; et que lui advint-il quand il vit le monde et les savants tels qu'ils étaient réellement ! Il vit poussé à un effroyable excès ce que peut voir partout quiconque se sert de ses yeux pour voir – des hommes sans idée de leur haute dignité, de l'étincelle de Dieu en eux, courbés vers la terre comme des bêtes, et rivés à la poussière ; il vit leurs joies et leurs peines et tout leur destin dépendre de la satisfaction de leur basse sensualité, dont les besoins s'élevaient encore à un degré plus douloureux grâce à cette satisfaction ; il vit que dans la satisfaction de cette basse sensualité ils ne respectaient ni le juste ni l'injuste, ni le sacré ni le profane ; qu'ils étaient toujours prêts à sacrifier l'humanité entière à la première occasion ; il vit qu'ils enlevaient finalement tout sens au juste et à l'injuste, et qu'ils plaçaient la sagesse dans l'habileté à atteindre son profit, et le devoir dans la satisfaction de leurs plaisirs ; – il vit enfin qu'ils cherchaient leur élévation [*Erhabenheit*] dans cet abaissement, leur honneur dans cette honte ; qu'ils toisaient avec mépris ceux qui n'étaient pas *aussi* sages ni *aussi* vertueux qu'eux : – il vit – spectacle qu'on peut aussi avoir maintenant en Allemagne – il vit ceux qui devraient être les précepteurs et les éducateurs de la nation, réduits à l'état d'esclaves complaisants de sa corruption, ceux qui devraient donner à leur époque le ton de la sagesse et du sérieux, obéir scrupuleusement au ton imposé par la folie et le vice les plus dominants ; – il les entendit demander dans la poursuite de leurs recherches ; non pas – cela est-il vrai et rend-il bon et noble ? – mais : cela sera-t-il écouté avec plaisir ? non pas : quel profit l'humanité en tirera-t-elle ? mais : quel profit en retirerai-je, *moi* ? combien d'argent ? le signe de faveur de quel prince ? le sourire de quelle belle femme ? – il les vit aussi mettre leur honneur dans cette manière de penser ; il les vit rire avec compassion de l'imbécile qui ne consentait pas à suivre l'esprit du temps aussi bien qu'eux ; – il vit talent, art et savoir unis dans le but misérable d'obtenir pour des nerfs usés par toutes les jouissances encore une jouissance plus fine ; ou dans le but abominable d'excuser la corruption humaine, de la justifier, d'en faire une vertu, d'arracher entièrement tout ce qui lui opposerait encore une digue sur son chemin ; – il vit enfin – et il tira cela de sa propre expérience désagréable – que ces indignes étaient descendus si bas qu'ils perdaient les dernières étincelles de l'idée qu'il 63 pouvait y avoir encore quelque vérité, et | le dernier respect devant elle, qu'ils devenaient complètement incapables de seulement entrer dans des raisonnements, et que, pendant qu'on leur criait encore dans les oreilles cette injonction, ils disaient : assez, ce n'est pas vrai, et nous ne voulons pas que ce soit vrai – car il n'y a rien là à gagner pour nous –. Il vit tout cela et son sentiment surtendu et ainsi trompé se révolta. Et dans une profonde indignation, il punit son époque.

Ne lui reprochons pas cette susceptibilité ! elle est souvent le signe d'une âme noble : qui sent en soi le divin souvent élève ses soupirs vers l'éternelle Providence : Voici donc mes frères ! Voici donc les compagnons que tu m'as donnés sur le chemin de la vie terrestre ! Oui ! ils ont mon aspect ; mais notre esprit et notre cœur ne se ressemblent pas ; mes mots sont une langue étrangère pour leurs mots, et les leurs pour moi ; j'entends le son de leurs accents, mais il n'y a rien dans mon cœur qui puisse leur donner un sens ! O éternelle Providence, pourquoi m'as-tu fait naître parmi de tels hommes ? ou, si je devais naître parmi eux, pourquoi m'as-tu donné ce sentiment et cette idée contraignante de quelque chose de meilleur et de plus relevé ? Pourquoi ne me fis-tu pas semblable à eux ? Pourquoi n'as-tu pas fait de moi un homme vil comme ils sont ? J'aurais pu vivre content avec eux. – Vous pouvez bien réprimander sa mauvaise humeur et blâmer son mécontentement – vous autres à qui tout est bon ; vous pouvez bien lui vanter cette satisfaction avec laquelle vous vous laissez faire et l'effacement avec lequel vous prenez les hommes comme ils sont ! Il serait aussi effacé que vous s'il avait aussi peu de nobles exigences. Vous ne pouvez même pas vous élever à la représentation d'un état meilleur et pour vous tout ce qui existe réellement est assez bon.

Plein de cet amer sentiment Rousseau n'était plus capable de voir autre chose que l'objet qui l'avait provoqué. La sensualité régnait ; c'était la source du mal ; sa seule volonté fut de savoir supprimé ce règne de la sensualité, à n'importe quel risque, coûte que coûte. – Comment s'étonner qu'il soit tombé dans l'extrême opposé ? – La sensualité ne doit pas régner ; elle ne règne assurément pas quand on l'a tuée, quand elle n'existe pas du tout, ou n'est ni développée, ni fortifiée. – D'où l'état de nature de Rousseau.

Dans son état de nature les dispositions propres de l'humanité ne doivent pas être encore cultivées, elles ne doivent même pas être indiquées. L'homme ne doit avoir aucun autre besoin que ceux de sa nature animale ; il doit vivre comme la bête dans le pâturage à côté de lui. – Il est vrai que dans cette situation n'aurait lieu aucun des vices qui irritèrent si fort le sentiment de Rousseau ; l'homme mangera s'il a faim, boira s'il a soif | ce qu'il trouvera d'emblée devant lui ; et une **64** fois rassasié, il n'aura aucun intérêt à dérober aux autres la nourriture dont il ne peut pas avoir besoin lui-même. S'il est repu, n'importe qui pourra manger et boire tranquillement devant lui ce qu'il veut et autant qu'il en veut ; car pour l'instant il a besoin justement de repos et n'a pas le temps de déranger les autres. Le vrai caractère de l'humanité est d'avoir l'avenir en perspective ; c'est en même temps la source de tous les vices humains. Que l'on détourne la source et aucun vice n'existe plus ; et Rousseau la détourne effectivement grâce à son état de nature.

Mais il est vrai en même temps que l'homme, aussi sûrement qu'il est homme et non bête, – n'est pas destiné à rester dans cette situation. Grâce à elle le vice est assurément supprimé, mais aussi la vertu et la raison en général. L'homme devient une bête sans raison; il y a une nouvelle espèce de bêtes : il n'y a plus d'hommes du tout.

Sans doute Rousseau agissait-il de bonne foi envers les hommes et aspirait-il à vivre dans cet état de nature qu'il prônait aux autres avec tant de chaleur, – et bien sûr cette aspiration nostalgique se manifeste à travers tous ses propos. Nous pourrions lui adresser la question : qu'est-ce que Rousseau cherchait de spécifique dans cet état de nature ? – Il se sentait lui-même accablé et enfermé par une foule de besoins, et – ce qui est le moindre mal assurément pour les hommes habituels mais qui faisait l'impression la plus amère sur un homme tel que lui – il avait été détourné bien souvent par ces besoins mêmes de la voie de la probité et de la vertu. En vivant dans l'état de nature, pensait-il, il n'aurait plus tous ces besoins, il lui aurait été épargné de tant souffrir de leur insatisfaction, de tant souffrir, et plus amèrement encore, de leur satisfaction aux dépens de l'honneur. Il serait resté en repos *devant lui-même.* – Il se trouva partout repoussé par les autres, parce qu'il s'opposait à la satisfaction de leurs besoins. L'humanité n'est pas méchante pour rien et en vain, pensait Rousseau, – et nous sommes d'accord avec lui : aucun de tous ceux qui le firent souffrir ne l'aurait fait s'il n'avait pas éprouvé ces besoins. Si tout autour de lui avait vécu dans l'état de nature, il serait resté en repos *devant les autres.* – Ainsi Rousseau voulait un repos sans trêve en privé et en public ? – Bien ! Mais demandons-lui maintenant plus profondément à quoi voulait-il employer ce repos sans trêve ? – Sans doute à ce à quoi il employa effectivement le repos qui lui échut malgré tout : à réfléchir sur sa destination et ses devoirs, en vue de s'améliorer lui-même ainsi que ses frères ? Mais comment aurait-il pu ainsi réfléchir dans cet état de bestialité qu'il adopta, – comment aurait-il pu le faire sans l'éducation préalable qu'il ne pouvait recevoir que dans l'état de culture [*im Stande der Kultur*]? Ainsi, sans s'en rendre compte, il plaçait la société et lui-même dans l'état de nature, | *avec toute* 65 *la formation qu'elle ne pouvait atteindre qu'en sortant de celui-ci*; il admettait sans s'en rendre compte qu'elle devait être déjà sortie de cet état et avoir parcouru tout le chemin de la culture; et que néanmoins elle ne devait pas en être sortie ni être cultivée: et nous sommes ainsi parvenus sans nous en rendre compte à la conclusion erronée de Rousseau et nous pouvons maintenant résoudre son paradoxe d'une façon complète et aisée.

Ce n'est pas en vue de la formation spirituelle, mais uniquement en vue de l'indépendance vis-à-vis des besoins de la sensualité que Rousseau voulait ramener l'homme à l'état de nature. Et il est certes vrai que plus l'homme s'approche de son but suprême, plus il doit lui être facile de satisfaire ses besoins sensuels; qu'il doit avoir de moins en moins de peines et de soucis pour poursuivre sa vie dans le monde; que la fécondité du sol doit s'accroître, le climat s'adoucir de plus en plus, que l'on doit faire une foule innombrable de découvertes et d'investigations nouvelles pour diversifier et faciliter la subsistance; que plus la raison étendra loin son règne, moins l'homme aura de besoins, – non pas comme dans le grossier état de nature, parce qu'il ne connaît pas l'agrément de celui-ci, – mais parce qu'il peut s'en passer; il sera toujours prêt aussi bien à jouir avec goût de ce qui est le meilleur, s'il peut le faire sans violer ses devoirs, qu'à se passer de tout ce qu'il ne peut avoir en restant dans l'honneur. Si cet état est pensé en tant qu'idéal, – point de vue auquel il est inaccessible comme tout idéal, – il est alors l'âge d'or de la jouissance sensible sans travail physique, que les anciens poètes décrirent. Or c'est *devant* nous que se place ce que Rousseau sous le nom d'état de nature et ces poètes sous le vocable d'âge d'or ont situé *derrière* nous. (Voici – ceci soit rappelé en passant – d'un point de vue général un phénomène qui survint souvent dans le temps passé : ce que nous devons *devenir* a été peint comme quelque chose que nous *avons* déjà *été*, et ce que nous avons à atteindre a été représenté comme quelque chose de perdu ; phénomène qui a sa raison dans la nature humaine et que j'expliquerai un jour à partir de cette raison, en une occasion convenable.)

Rousseau oublie que l'humanité ne peut et ne doit s'approcher de cet état que par le souci, la peine et le travail. La nature est grossière et sauvage sans la main de l'homme, et elle devait être ainsi pour que l'homme fût contraint de sortir de l'inerte état de nature, et de la façonner, – afin de devenir lui-même, de simple produit naturel qu'il était, un être libre et raisonnable. – | Il en sort assurément ; il court le risque de saisir la pomme de la connaissance* car en lui est implantée sans qu'on puisse l'en arracher la tendance à être semblable à Dieu. Le premier pas hors de cet état le conduit à la misère et à la souffrance. Ses besoins sont développés ; ils réclament avec acuité leur satisfaction ; mais l'homme est de nature paresseux et inerte, à la façon de la matière dont il est sorti. Alors se lève le rude combat entre le besoin et l'inertie ; c'est le premier qui est vainqueur, mais la seconde se plaint amèrement. Alors il travaille la terre à la sueur de son front, et est mécontent qu'il y pousse encore des épines et des chardons qu'il doit arracher**.

---

* *Genèse*, II, 17 ; III, 6, et non pas verset 8, comme l'indiquent par erreur les éditeurs de la *G. A.*, I, 3, 66.
** *Genèse*, III, 18-19.

– Ce n'est pas le besoin qui est la source du vice ; il est incitation à l'activité et à la vertu ; c'est la paresse qui est la source de tous les vices. *Jouir toujours autant que possible, agir toujours aussi peu que possible*, – voilà la tâche de la nature corrompue ; et les multiples tentatives faites pour la remplir sont les vices de cette nature. Il n'y a pas de salut pour l'homme tant qu'il n'a pas combattu avec succès cette inertie naturelle, et tant que l'homme ne trouve pas dans l'activité et seulement dans l'activité ses joies et tout son plaisir. C'est à cet effet qu'existe le caractère douloureux lié au sentiment du besoin. Il doit nous pousser à l'activité.

C'est là le dessein de toute douleur, c'est en particulier le dessein de la douleur qui nous vient à chaque instant de l'imperfection, de la corruption et de la misère de nos frères humains. Qui ne sent pas cette douleur et cette amère indigna-tion est un homme commun. Qui la sent doit chercher à s'en débarrasser en appliquant toute sa force à améliorer dans sa sphère tout ce qui l'entoure autant qu'il le peut. Et, à supposer que son travail ne produise aucun fruit, qu'il n'en voie pas l'utilité, alors le sentiment de son activité, la vision de sa propre force qu'il mobilise au combat contre la corruption commune, lui font pourtant au moins oublier cette douleur. Ici se trompa Rousseau. Il avait de l'énergie, mais plutôt l'énergie de la souffrance que celle de l'activité ; il sentait fortement la misère des hommes ; mais il sentait beaucoup moins la force propre qu'il avait pour porter aide à cette misère ; et ainsi il jugea des *autres* de la même façon qu'il se sentait *lui-même* ; le rapport qu'il avait avec sa douleur particulière, il le vit de même entre l'humanité entière et sa souffrance universelle. Il tint compte de la souffrance ; mais il ne tint pas compte de la force que l'humanité a en soi pour se secourir.

Paix à ses cendres et bénédiction à sa mémoire ! – Il a agi. Il a versé le feu dans bien des âmes qui ont mené plus loin ce qu'il 67 avait commencé. Mais | il agit presque sans être conscient lui-même de son activité indépendante. Il agit sans appeler d'autres hommes à l'action; sans tenir compte de leur action face à la somme du mal et de la corruption universels. Cette absence d'effort en vue de l'activité indépendante règne sur tout son système d'idées. Il est l'homme de la sensibilité souffrante, mais pas en même temps celui de la lutte personnelle et active contre son emprise. – Ses partisans menés à l'erreur par la passion *deviennent* vertueux; mais ils *deviennent* simplement vertueux, sans bien voir *comment*? Le combat de la raison contre la passion, la victoire progressive et lente, remportée avec effort, peine et travail, – spectacle le plus intéressant, et le plus instructif que nous puissions voir – il le cache à nos yeux. – Son élève se développe de lui-même. Le guide de celui-ci ne fait rien d'autre que d'écarter les obstacles à son éducation, et laisse pour le reste gouverner la bienveillante nature. Elle devra même le garder toujours sous sa tutelle. Car la force active, l'ardeur, la ferme résolution de la combattre et de la soumettre, le guide ne les a pas apprises à son élève. Il sera bon parmi des hommes bons; mais parmi des méchants – et où les méchants ne sont-il pas la majorité? – il souffrira indiciblement. – Ainsi Rousseau dépeint généralement la raison *au repos*, mais non *au combat; il affaiblit la sensibilité*, au lieu de *fortifier la raison.*

J'ai entrepris la présente recherche pour dénouer ce paradoxe mal famé [*berüchtigt*] qui contredit radicalement à notre principe; mais pas uniquement pour cela. Je voulais en même temps vous montrer par l'exemple d'un des plus grands hommes de notre siècle, comment vous ne devez pas être; je voulais développer en vous à partir de cet exemple une doctrine importante pour toute votre vie. – Vous avez appris maintenant grâce aux recherches philosophiques comment doivent être les hommes avec lesquels vous n'êtes pas encore dans une relation très proche, étroite, indissociable. Vous entrerez dans cette relation plus proche avec eux. Vous les trouverez tout autrement que votre éthique veut qu'ils soient. Plus nobles et meilleurs vous serez vous-mêmes, plus douloureuses seront pour vous les expériences qui vous attendent : mais ne vous laissez pas abattre par cette douleur ; abattez-la au contraire par vos actions. Il est tenu compte d'elle ; elle est mise en ligne de compte dans le plan de l'amélioration de l'humanité. C'est être efféminé que de rester là et déployer la corruption des hommes sans lever une main pour la diminuer. C'est manquer d'amitié que de blâmer et de railler amèrement sans dire aux hommes comment ils doivent devenir meilleurs. Agir ! Agir ! voilà pourquoi nous sommes là. Voudrions-nous nous fâcher de ce que tous ne sont pas aussi parfaits que nous, si nous sommes seulement plus parfaits ? Cette plus grande perfection n'est-elle pas justement notre vocation propre d'avoir à travailler au perfectionnement des autres ? Laissez-nous être joyeux au spectacle du vaste champ que nous avons à travailler ! | Laissez-nous être joyeux de sentir en nous la force et d'avoir **68** une tâche infinie !

COMMENTAIRE

CHAPITRE PREMIER

LA DESTINATION DE L'HOMME EN SOI

Inaugurant ses conférences publiques, Fichte s'adresse aux étudiants en leur disant : « Le but de ces conférences… est déjà connu de vous en partie. » En effet l'écrit-programme déjà cité porte en épilogue ces quelques lignes : « Il devient ainsi de plus en plus nécessaire de prendre à cœur avec le plus grand sérieux les questions suivantes : Quelle est la destination du savant ? A quel endroit est-il placé dans l'ordre des choses ? Quels sont les rapports que les savants entretiennent entre eux, vis-à-vis du reste des hommes et en particulier des positions sociales particulières de ceux-ci ? Comment et par quels moyens peuvent-ils satisfaire au mieux les devoirs qui leur sont imposés par ces rapports et comment doivent-ils se cultiver en vue de cette habileté ? Ce sont là les questions que je chercherai à résoudre dans les conférences publiques que j'ai annoncées sous le titre « Morale pour savants ». N'attendez pas de ces entretiens une science systématique ; ce qui manque au savant est plus souvent de l'ordre de l'action que du savoir. Permettez-moi plutôt que dans ces heures, telle une société d'amis qui sont unis par plus d'un lien, nous nous exaltions au sentiment noble et ardent de nos devoirs communs. »

Ce texte présentait les principales notions qui devaient être étudiées par le philosophe, sans cependant expliquer aucune d'elles. L'essentiel était sans doute, aux yeux de Fichte, de montrer dans sa recherche philosophique, si abstraite soit-elle, la portée vitale des questions soulevées. Par là Fichte entendait se situer en tant que philosophe, c'est-à-dire savant, dans un monde agité par tant de bouleversements qui remettaient en cause le statut réflexif du penseur dans la société. Il entendait aussi, autant que possible, susciter des vocations pour la recherche philosophique.

LA NOTION DE « BESTIMMUNG »

Or, sur ce point, le phénomène suivant se produit : c'est que cette présentation attrayante et volontairement concrète de la philosophie (dont le but n'est autre que de montrer à tout homme le sens de sa vie, c'est-à-dire à la fois sa signification et sa direction) se heurte, pour le lecteur français surtout, sur le mot et la notion de *Bestimmung*, c'est-à-dire à la fois de destination et de détermination. Si la traduction de « destination » s'impose, c'est parce que la détermination du statut de l'homme en soi, de l'homme dans la société, et du savant, ne se fonde que sur le but et la direction qui doivent être envisagés. Malheureusement, le mot de « destination » n'a, en français, aucun passé philosophique marquant. Sans doute un philosophe aussi respectueux de la langue française que

Bergson l'a-t-il employé à plusieurs reprises[1] ; il n'en reste pas moins que la notion demande à être vraiment précisée pour que l'ensemble du texte de Fichte révèle toute sa portée.

Du temps de Fichte, la situation était fort différente ; en effet Kant, dans son *Architectonique de la Raison Pure*[2] avait utilisé la notion de *Bestimmung* dans ce sens prégnant de « destination » : « Le but final… », écrivait-il, « n'est autre que la destination totale de l'homme et la philosophie de cette destination s'appelle la morale. » De même, en 1790, dans l'*Analytique du sublime*[3], Kant expliquait comment « Le plaisir pris au sublime de la nature… suppose toutefois encore un autre sentiment, qui est celui de sa destination supra-sensible, et si obscur qu'il puisse être, ce dernier possède un fondement moral. » La notion avait donc un sens parfaitement clair aux yeux de Kant : elle désignait la finalité propre à l'homme en tant que sujet ayant une unité ; de plus, elle était limitée au domaine de la philosophie morale, le but final de l'homme étant assimilé à sa destination supra-sensible[4].

C'est donc en ce sens que Fichte pouvait penser que ses auditeurs comprendraient la notion. Mais ceci ne signifie pas qu'il ait admis d'emblée cette notion au sens kantien strict. Le texte de la première conférence nous apporte sur ce point un démenti formel[5]. Sans remettre en question la portée morale de

---

1. L'exemple le plus marquant est tiré de *L'Énergie spirituelle* (p. 23 ; *Œuvres*, p. 332) : « Les philosophes qui ont spéculé sur la signification de la vie et sur la destinée de l'homme n'ont pas assez remarqué que la nature a pris la peine de nous renseigner là-dessus elle-même. Elle nous avertit par un signe précis que notre destination est remplie. Ce signe est la joie. »

2. *Kritik der reinen Vernunft*, transcendantale Methodenlehre, chap. III.

3. *Kritik der Urtheilskraft*, § 39 ; *cf.* 27, 28, 42, 86, 89…

4. *Ibidem*, § 42 ; *cf.* Lettre à Beck du 27 octobre 1791.

5. *S. W.*, VI, 300 ; *G. A.*, I, 3, 58.

ce concept, Fichte le dissocie radicalement du concept d'*Endzweck* (ou « fin dernière », « but final »). La vraie destination de l'homme, écrit-il, est « d'approcher indéfiniment de ce but », à savoir « soumettre tout ce qui est sans raison et le dominer librement et d'après ses propres lois ». Et plus nettement encore : « la perfection est le but ultime et inaccessible de l'homme ; le perfectionnement à l'infini est sa destination. » Le concept de *Bestimmung* va donc descendre du statut d'Idée de la Raison qu'il avait chez Kant à celui de concept. La destination n'est plus en elle-même un absolu supra-sensible, elle est relative à la finitude de l'homme et aux contradictions apparentes qui font de celui-ci un « être raisonnable mais fini, sensible mais libre ». Elle est un chemin à parcourir pour se rapprocher de l'idéal. Ainsi, dès l'installation de cette notion s'amorce ce que Georges Gurvitch a appelé le « passage à l'éthique concrète ». Notons cependant que, dans la première et la deuxième conférence, la destination est envisagée uniquement du point de vue universel, c'est-à-dire dans une généralité qu'on pourrait dire « abstraite ».

Un second texte, tiré de la quatrième conférence, est susceptible de nous éclairer sur ce point[1]. Concluant son analyse de la destination du savant, Fichte écrit : « Voilà notre commune destination, messieurs, voilà notre destin (*Schicksal*) commun. Un heureux destin, que d'être destiné par sa vocation (*Beruf*) particulière à faire ce qu'on devrait faire déjà en tant qu'homme, en raison de sa vocation générale… ». Le rapprochement de *Bestimmung* et de *Schicksal* explique

---

1. *S. W.*, VI, 333 ; *G. A.*, I, 3, 58.

qu'on ait pu traduire ce premier mot par « destinée »[1] ; en fait, le mot « destinée » évoque en français quelque chose de passivement reçu, ce qui est absolument contraire à la pensée fichtéenne. Mais il est plus important de noter, dans le rapprochement de *Bestimmung* et de *Beruf*, comment la destination est la vocation de l'individu, c'est-à-dire la vie propre prise en main et comprise par la réflexion. Par là se manifeste la modernité de Fichte qui, rompant totalement avec la pensée commune du XVIIIe siècle[2], annonce ce qui deviendra un lieu commun de la pensée du XXe siècle. Mais le rapprochement de ces deux mots montre de plus que Fichte entend garder dans sa pensée une certaine ambiguïté dialectique que la traduction ne peut rendre. M. Lauth l'exprime ainsi : « dans ce mot de *Bestimmung*, Fichte embrasse consciemment à la fois la détermination et la destination et il évoque aussi une troisième signification, celle de fonder le sens. »[3]

Ainsi se dégage nettement, dans sa richesse et sa complexité, cette notion-clé de toute la pensée de l'« idéalisme allemand ». En ce sens très prégnant, elle se distingue tout à fait de la *Bestimmung* entendue au sens limité de « détermination », accompagnée le plus souvent chez Fichte du qualificatif d'« empirique ».

---

1. *Cf.* l'article de M. Gueroult, « Fichte et la Révolution française », *Revue Philosophique*, 1939.

2. *Cf.* Kant, *Reflexionen*, n° 1392. « La destination par excellence de l'homme individuel est l'animalité… »

3. *Archives de Philosophie*, 1965, p. 569.

LES DIFFICULTÉS DU POINT DE DÉPART

La question posée dans la première leçon est la suivante : « Quelle est la destination de l'homme en soi ? »[1]. C'est seulement quand on aura esquissé la réponse à cette question que l'on pourra aborder les problèmes de la destination de l'homme dans la société et surtout du savant dans la société. Toute la philosophie, dit Fichte, a pour but de répondre à cette question, ainsi qu'à la question qui lui est liée : « par quel moyen l'homme peut-il l'atteindre ? ». Sur ce point encore, la différence entre Fichte et Kant éclate ; en effet, pour Kant, c'est la philosophie morale qui doit traiter cette question ; pour Fichte, la morale répondra seulement à la seconde question, liée à la pédagogie. Mais le problème de la destination appartient à la philosophie première, qui doit en donner une « élucidation explicite, claire et complète ».

Ceci ne doit pas être négligé si l'on veut comprendre le projet théorique fondamental de ces leçons. L'écrit-programme disait que leur exposé ne serait pas sous forme de science *systématique* ; ceci ne signifie absolument pas que Fichte ne suivra pas une démarche rigoureuse, mais simplement qu'il ne fera pas une genèse exhaustive à partir du principe. Cet exposé ne sera pas « scientifique », puisqu'il appartient à la *Popular-Philosophie*, mais il n'en fera pas moins partie intégrante du système auquel il ne cesse de se référer.

« *Ich kann es auf Ihr Gefühl aufbauen* », dit Fichte, et cette phrase si simple en apparence est essentielle. « Je puis », cela veut dire « j'ai le droit », parce que la philosophie n'a pas d'autre tâche que d'élucider le sentiment que tout homme

---

1. Pour tout ce développement, cf. *S. W.*, VI, 293-294 ; *G. A.*, I, 3, 27-28.

ressent en lui; elle est l'explication intellectuelle et la prise de conscience de l'expérience commune[1]. «Je puis prendre pour point de départ votre sentiment». Là est sans doute ce qui avait frappé à la première lecture Jacobi, qui écrit, dans sa *Lettre à Fichte*[2]: «Représentez-vous ma jubilation quand parut votre *Destination du Savant*; dès les premières pages, j'y ai rencontré le plus parfait accord avec mes propres jugements sur le sujet.» Mais sentiment n'implique pas, comme pouvait le croire Jacobi, un appel quelconque à la sensibilité. Dans tout le texte, ce mot signifie seulement, en un sens très général, «donnée de la conscience empirique», que chacun peut ressentir. L'essentiel est donc de comprendre que Fichte part d'une expérience concrète et par conséquent subjective ou individuelle. Mais, si l'on admet que Fichte se fonde sur l'expérience individuelle, cette expérience ne peut être que la sienne, et on ne voit pas de quel droit il peut affirmer que d'autres que lui la partagent; on ne voit pas non plus comment il peut en tirer des conclusions générales, valables pour l'homme en soi.

C'est donc l'intrication des problèmes de l'expérience individuelle, de la valeur générale de la réflexion sur cette expérience et de la connaissance d'autrui qu'il faut

---

1. Sur ce point fondamental, *cf.* A. Philonenko, *La Liberté humaine dans la philosophie de Fichte*, § 18 *et passim*; nul texte n'est peut-être plus clair que celui du *Sonnenklarer Bericht...* de 1801: «L'homme n'a absolument rien d'autre que l'expérience, la vie elle-même. *Toute sa pensée*, qu'elle soit libre de toute discipline ou *scientifique*, commune ou *transcendantale*, *part de l'expérience et a en vue l'expérience*.» S. W., II, 333; G. A., I, 2, 194 (nous soulignons).

2. Jacobi, *Lettre à Fichte (1799)*, trad. J.-J. Anstett, Paris, Aubier, 1946, p. 327; sur le sentiment inné du vrai selon Fichte, cf. S. W., VI, 331; G. A., I, 3, 56.

soigneusement démêler pour saisir la pensée de Fichte dans toute sa force. On peut écarter aisément une première objection : au nom de quoi, avant d'avoir traité le problème d'autrui, Fichte peut-il supposer, dans un discours philosophique qui prétend à la cohérence, un sentiment donné chez ses auditeurs ? En fait, Fichte ne met pas en doute la certitude de la conscience naïve selon laquelle l'existence d'autrui ne peut pas plus être mise en doute que l'existence de tout objet extérieur[1]. Sans doute cette conviction universelle a-t-elle besoin d'être justifiée philosophiquement si l'on veut rendre définitivement impossible tout solipsisme. Mais au point de départ, l'expérience d'autrui est présupposée par Fichte d'une façon très cohérente. Ainsi à la fin de sa première conférence, il dit « nous ne sommes pas isolés », alors qu'il avait affirmé au début qu'il considérait l'« homme en soi, c'est-à-dire isolé »[2]. La seconde objection serait plus sérieuse : a-t-on le droit de parler d'homme en général avant d'avoir établi qu'il existe plusieurs individus humains qui ont en commun d'être hommes, d'appartenir au genre « homme » ? qu'est-ce qui permet à Fichte d'assimiler d'emblée l'homme isolé et l'homme en soi ?

C'est qu'en réalité il ne s'agit pas de nier la communauté humaine au point de départ pour la rétablir ensuite ; il s'agit d'envisager ce que ma réflexion peut m'apprendre sur destination de l'homme en soi, avant d'envisager comment, par la connaissance d'autrui, je puis passer au problème de la destination de l'homme dans la société. Sur ce point Fichte a pris lui-même la peine de s'expliquer dans une note de l'édition

1. *S. W.*, VI, 303 ; *G. A.*, I, 3, 35.
2. *S. W.*, VI, 294 ; *G. A.*, I, 3, 28.

danoise[1]; en effet, on pouvait à bon droit lui demander de justifier l'emploi du concept d'homme en général alors qu'il prenait pour point de départ réel l'expérience individuelle. « Dans le concept d'homme en général, et abstraction faite des conditions empiriques de son être affectif, il n'y a assurément pas l'indice qu'il puisse entrer en relation avec d'autres hommes; et quand on parle ici de la destination que l'homme a en tant qu'homme, il faut, sans contredit, faire abstraction de ces déterminations empiriques. » On voit par là que Fichte admet que le concept d'homme, du point de vue de sa valeur théorique, ne suppose pas la justification théorique de la communauté humaine; autre est le problème des relations entre hommes, autre le problème du concept d'homme en soi, lequel est en dépendance étroite du Moi pur. Et Fichte ajoute : « Mais un homme *réel*, l'homme dans son entière détermination, ne peut être pensé que comme individu, c'est-à-dire ne peut être conscient de soi-même que comme individu. Mais le concept d'individu est un simple concept relatif [*Wechselbegriff*] : je suis tel ou tel, cela veut dire : je ne suis *pas* tel autre; et cela ne veut rien dire d'autre. En outre des hommes réels ne sont pas possibles, sauf s'ils sont en relation avec d'autres hommes. Aucun homme n'est isolé; et le concept d'un individu postule le concept de son genre. » Comment mieux récuser toute accusation de solipsisme? La pensée de Fichte montre clairement qu'il n'y a aucune contradiction entre le point de départ réel de sa pensée, à savoir l'expérience individuelle, et le point de départ conceptuel de cette pensée, à savoir le concept générique d'homme; en effet, la réflexion sur

---

1. Première note de l'édition danoise *Den Laerdes Bestemmelse*, Collin, Kjøbenhavn, 1796, *G. A.*, I, 3, 73.

l'expérience individuelle aboutit au concept d'homme en soi, et, si l'on suit l'ordre des raisons, il apparaît que le premier terme est l'homme en soi, le second le concept d'individu, et enfin se pose le problème de la reconnaissance d'autrui[1].

LE MOI PUR

La véritable solution de ces difficultés ne peut être apportée que par une analyse serrée de la notion de Moi pur, telle qu'elle est présentée dans ce texte des conférences sur la *Destination du Savant.*

Les expressions de Moi et de Non-Moi, qui devaient prendre une place de plus en plus grande dans la pensée de Fichte et dans la malheureuse interprétation qu'en a donnée Schelling, n'avaient pas été précisées d'une façon très rigoureuse par Fichte avant les cours d'Iéna, si l'on met à part les leçons privées faites à Zürich[2]. Dans le texte de la *Contribution...*, l'expression n'apparaît pas avec une très grande netteté : dans l'introduction, à propos de l'origine du devoir, Fichte écrit qu'elle est « in der reinen ursprünglichen Form unsers *Selbst* »[3]. Et il reprend cette expression en signalant en note que « le lecteur doit s'être familiarisé avec ces

---

1. Cf. *S. W.*, III, 47-48 ; *G. A.*, I, 3, 354-355 ; *S. W.*, III, 39 ; *G. A.*, I, 3, 347 ; « Le concept d'homme n'est pas celui d'un être particulier, car un tel concept est impensable ; c'est au contraire celui d'un genre ».

2. *Cf.* W. Kabitz, *Studien zur Entwicklungsgeschichte der fichteschen Wissenschaftslehre*, p. 56 *sq.* X. Léon, *Fichte et son temps*, *op. cit.*, t. I, p. 255-261.

3. *S. W.*, VI, 58-59 ; *G. A.*, I, 1, 218-219.

expressions dans l'introduction »[1]. Sous cette dénomination, un peu différente de celle de « Moi pur », apparaît déjà l'idée sur laquelle le texte de la *Destination du Savant* reviendra : « Si notre véritable fin ultime nous est présentée par la loi morale en nous grâce à la forme de notre Soi pur, et dans cette forme, tout ce qui est en nous sans appartenir à cette pure forme, ou tout ce qui fait de nous des êtres sensibles, n'est pas notre fin en elle-même, mais seulement un moyen en vue de notre fin spirituelle et plus élevée »[2]. Cette notion de Soi pur n'intervient ni dans le *Compte Rendu de l'Énésidème*, ni dans l'écrit-programme[3]. C'est seulement dans les conférences sur la *Destination du Savant* qu'il est parlé de Moi pur.

En fait, aucune interprétation solide de la pensée de Fichte ne peut être établie à partir des textes antérieurs à ceux de 1794 et 1795. La notion de Moi pur ne peut être nettement dégagée que par l'analyse du texte de la première conférence, confronté au besoin aux textes antérieurs déjà cités. Cette analyse nous permettra en même temps de répondre au problème que nous avons posé : pourquoi et comment l'individu peut-il atteindre le concept d'homme en soi à partir de sa propre expérience ?

L'homme, nous dit Fichte, est *ein Ich*, un Moi[4]. Ce Moi est une « conscience de soi empirique », et le Moi « ne peut jamais » se concevoir ni être conscient de soi-même « que dans

1. *S. W.*, VI, 87-88 ; *G. A.*, I, 1, 241 ; dans ce passage Moi pur et Soi pur sont employés équivalemment.

2. *S. W.*, VI, 58-59 ; *G. A.*, I, 1, 218-219.

3. *Cf. S. W.*, I, 16-17 ; *G. A.*, I, 2, 57 ; *S. W.*, I, 40, 49 ; *G. A.*, I, 2, 133 et p. 139. Dans ces textes il n'est question que du *Moi*, non du Moi pur. Pour toutes les interprétations fallacieuses que ces expressions ont favorisées chez les contemporains, voir X. Tilliette, dans *Archives de Philosophie*, 1967, p. 584-590.

4. *S. W.*, VI, 296 ; *G. A.*, I, 3, 29.

ses déterminations empiriques »[1]. L'homme est donc un Moi empirique qui suppose un Non-Moi à l'origine de ses déterminations empiriques. L'exemple pris par Fichte évoque en s'y opposant les *Méditations* de Descartes : « Déjà ce corps qu'il nomme *son* corps est quelque chose en dehors du Moi » (entendons du Moi pur). Ainsi, Fichte prend bien soin de préciser que considérer l'homme en soi n'est pas le considérer en tant que Moi pur, comme avait voulu faire Descartes[2].

Dès lors se pose le problème suivant : comment l'homme peut-il parvenir à concevoir le Moi pur, qui est « ce qu'il y a de proprement spirituel dans l'homme » ? Car s'il est enfermé dans son individualité empirique, le Moi pur ne saurait être autre chose que l'âme, dont le concept a été critique par Kant dans sa réfutation de la psychologie rationnelle.

Or l'homme n'est pas enfermé dans cette individualité empirique, et sur ce point un désaccord se fait jour entre la pensée de Fichte et celle de Kant qui ne voulait admettre aucune différence de nature entre les différents phénomènes, et qui, par conséquent, niait la possibilité d'une prise de conscience du « pur » à partir de l'« empirique ». La démonstration de Fichte se fait en trois temps : tout d'abord, en tant qu'être raisonnable, l'homme est à soi-même sa propre fin, comme nous l'atteste la conscience humaine, et comme Fichte le pose en hypothèse, ne pouvant faire une genèse scientifique

---

1. *S. W.*, VI, 295-296 ; *G. A.*, I, 3, 28-29.

2. L'opposition de Fichte à Descartes est explicite, à propos du même sujet dans le *Compte Rendu de l'Énésidème*, où l'auteur cite la réfutation de l'idéalisme de Kant (Deuxième édition de la *Critique de la Raison Pure*) : « Et contre l'idéalisme problématique de Descartes, il est en effet montré fondamentalement que la conscience du Moi pensant, appartenant à Descartes lui-même, n'est possible que sous la condition d'un Non-Moi à penser. » (*S. W.*, I, 21 ; *G. A.*, I, 2, 63).

à partir du « Je suis » ; cette proposition peut s'exprimer ainsi : l'homme « est parce qu'il est »[1]. En second lieu, en tant qu'être sensible, l'homme est aussi « quelque chose ». En tant qu'être raisonnable et sensible, « l'homme doit être ce qu'il est absolument parce qu'il est »[2].

Ce qui justifie ces distinctions scolaires et cette combinaison qu'on pourrait juger verbale, c'est l'approfondissement de la notion de Moi pur telle que nous la présentent les pages suivantes, capitales pour comprendre ce qu'on a appelé « la première philosophie de Fichte ». La présentation des idées ne fait en effet que poser des problèmes et n'en résout aucun : comment la prise de conscience du Moi pur amène-t-elle l'homme à dissocier raison et sensibilité ? De quel droit passons-nous au devoir (*Sollen*) à partir de ce que nous avons dissocié ?

Le statut de l'individu humain doit d'abord être précisé, puisque c'est de lui que part toute la construction de Fichte. L'individu est, nous l'avons vu, un Moi empirique ; il ne peut prendre conscience du Moi pur que d'une façon négative, « en tant qu'opposé du Non-Moi dont le caractère est la diversité – donc en tant qu'uniformité absolue et complète ». Et c'est l'unité, l'identité qui caractérisent le Moi pur. Mais il ne faut pas voir chez Fichte une sorte de théologie négative du Moi pur. En effet, nous avons des signes certains (*sichere Merkmal*) de l'accord ou du désaccord de notre Moi empirique avec le Moi pur : « aussi souvent que (l'homme) se contredit, c'est un signe certain qu'il n'est pas déterminé selon la forme du Moi

1. Sur ce point, texte parallèle dans le *Compte Rendu de l'Énésidème*, *S. W.*, I, 17 ; *G. A.*, I, 2, 58.
2. *S. W.*, VI, 297 ; *G. A.*, I, 3, 30.

pur, c'est-à-dire pas par soi-même ; mais par les objets extérieurs ». En revanche, la forme du Moi pur est discernable dans le phénomène dans le cas où la détermination empirique de l'homme montre un accord de l'homme avec lui-même ; ce que Fichte exprime ainsi : « Toute détermination qui peut être pensée comme durant éternellement est conforme à la Forme du Moi pur »[1]. Ceci demande à être précisé davantage.

En effet, il faut distinguer très soigneusement, dans les expressions de Fichte, le *Moi Pur* et la *Forme du Moi Pur*. Le Moi pur nous est présenté comme la destination dernière de l'homme : du point de vue du contenu, qui ne peut être représenté que négativement, il est l'accord total de l'homme avec soi-même et l'accord total de tous les hommes entre eux, pour ne plus former qu'un unique sujet où tous sont identiques[2]. C'est ce que Fichte exprime par le mot d'*Ueberein-stimmung* tant répété et sur lequel nous reviendrons. Du point de vue de la forme, le Moi pur peut être envisagé à deux niveaux : d'abord, comme nous l'avons dit, dans l'accord partiel (et non plus total) et donc limité, même s'il est parfait en son domaine, de l'homme avec lui-même. D'autre part dans la pensée de l'identité, Fichte dit à ce propos : « l'expression de la Forme du Moi pur doit être *connue* dans le fait que nous pouvons penser l'identité ». Ceci nous montre bien qu'à la différence du Moi pur en lui-même, la Forme du Moi pur nous est attestée dans les phénomènes. Ceci dit, l'interprétation qu'il faut donner à la « *Denkbarkeit der Identität* » n'est pas facile à déterminer. On peut dire que l'identité dont il s'agit est l'identité logique, qui nous renverrait au Moi pur par le simple

---

1. *S. W.*, VI, 297 ; *G. A.*, I, 3, 30.
2. *S. W.*, VI, 310 ; *G. A.*, I, 3, 40.

fait qu'elle existe dans la pensée humaine. Le début des *Principes de la Doctrine de la Science* peut nous y inciter. Mais on peut dire aussi qu'il s'agit de l'identité du sujet humain avec lui-même, et en ce sens la pensée de l'identité est comprise comme le fait que nous puissions nous penser comme un moi identique à travers tous les changements. Cette deuxième interprétation semble préférable dans la mesure où elle permet de mieux comprendre la formule « Je suis parce que je suis ». De plus, si l'on suit cette interprétation, il apparaît que l'homme ne peut avoir conscience d'être un unique sujet à travers toutes ses déterminations empiriques qu'en vertu de la Forme du Moi pur qui l'empêche d'être en perpétuelle contradiction avec lui-même. La pensée de Fichte semble en effet conduire à l'idée que l'individu qui se contredit perpétuel-lement n'est pas un moi humain. L'homme, au contraire, même s'il entre fréquemment en contradiction avec soi-même, garde une identité personnelle qui est la manifestation de la Forme du Moi pur. Peut-être pourrait-on résumer les distinctions opérées dans le tableau suivant :

Moi pur	Contenu :	idéal d'accord parfait et éternel (*Uebereinstimmung*)
	Forme :	– accord parfait et non durable de l'homme avec soi-même, – identité personnelle, durable mais imparfaite – identité logique
Moi empirique et individuel		
Non-moi = diversité sensible		

Le Moi empirique, point de départ réel de Fichte, est ainsi le seul à être individuel. Le Non-Moi agit sur lui et le détermine en tant qu'il est une réceptivité passive et sensible. Le Moi pur agit sur lui en se présentant comme un idéal qu'il a le devoir de rechercher.

La distinction essentielle dans la suite de la pensée de Fichte n'est pas celles des différentes manifestations de la Forme du Moi pur, qui n'est présentée ici qu'à titre d'hypothèse ; c'est celle qui est faite entre le contenu et la Forme du Moi pur. En effet, les contemporains de Fichte ne l'ayant pas bien comprise, il a pris soin de la préciser dans la *Deuxième Introduction à la Doctrine de la Science*[1] : « Je dois encore traiter en deux mots d'une singulière confusion. Il s'agit de la confusion du Moi comme intuition intellectuelle, dont part la Doctrine de la Science, et du Moi comme Idée avec lequel elle s'achève. Seule la *forme* de l'égoïté [*Ichheit*] est comprise dans le Moi comme intuition intellectuelle... ». Sans doute cette seconde introduction, destinée à prévenir les contre-sens des apprentis-philosophes, fait-elle intervenir avec force la notion d'intuition intellectuelle dont il n'est pas question dans notre texte[2]. Mais, quoi qu'il en soit, il ne semble pas que la pensée de Fichte ait changé sur le point qui nous intéresse, à savoir la distinction d'un Moi pur comme Idée au sens kantien du terme, et d'une forme du Moi pur, dont la prise de conscience constitue le point de départ de la Doctrine de la Science. Et le même texte précise, toujours en accord avec le nôtre, que « dans cette forme, le Moi n'est que pour le philosophe », c'est-à-dire que seul le philosophe peut prendre conscience de cette

---

1. *S. W.*, I, 515-516 ; *G. A.*, I, 4, 265 ; trad. A. Philonenko, p. 310 (nous soulignons).

2. Sur ce point, *cf.* A. Philonenko, *La Liberté humaine dans la philosophie de Fichte*, *op. cit.*, p. 77 à 95 ; également B. Bourgeois, *L'Idéalisme de Fichte*, Paris, 1968, P.U.F., p. 59-67 ; 2ᵉ éd., Paris, Vrin, 1995.

forme du Moi pur. C'est justement ce à quoi selon nous, Fichte convie les auditeurs de ses conférences.

Il reste à situer exactement le concept d'homme par rapport aux différents Moi distingués. Étant un concept de genre, ce concept ne saurait être absolument identique au Moi empirique qui est strictement individuel. Cependant, du point de vue formel, l'homme en général peut être considéré comme un moi empirique. Et si, à partir de ce moi empirique, nous pouvons parler d'homme en soi, c'est parce que l'homme qui cherche à se penser soi-même (ce que fait le philosophe) trouve en ce moi empirique la forme du Moi pur, forme non individuelle qui renvoie à un Moi pur non individuel. Ainsi, si *de facto*, l'individu est le point de départ inéluctable et précède le concept générique, en revanche, *de jure*, le concept générique précède celui de l'individu[1]. Et le concept d'homme est en étroite dépendance par rapport au Moi pur : dans la seconde conférence, Fichte l'appelle « *ein idealischer Begriff* », calqué sur l'idéal représenté par le Moi pur, mais non pas identique à lui. En effet, l'élément empirique qui intervient dans le concept d'homme fait que chacun se représente empiriquement son idéal d'homme d'une façon particulière[2], alors qu'il ne saurait y avoir aucune représentation sensible du Moi pur. Cet élément empirique intervient dans la pensée commune ; mais pour déterminer la destination de l'homme en soi, Fichte s'en dégage le plus possible.

---

1. La thèse de R. Lauth suivant laquelle « pour Fichte homme est une expression populaire qui n'est pas adaptée à un usage scientifique du langage » (*loc. cit.*, p. 570) semble donc traduire plutôt une apparence qu'une réalité profonde.

2. *S. W.*, VI, 307 ; *G. A.*, I, 3, 38.

La vérification de notre hypothèse peut, selon nous, être donnée par la confrontation du texte étudié avec le texte si souvent cité du *Compte Rendu de l'Énésidème*[1]. Ce texte fait partie de la réfutation des objections de l'*Énésidème*; cette réfutation est menée à partir du principe suivant: si ce texte fait tant d'objections à Kant et à Reinhold, c'est qu'il n'a pas su se dégager d'un dogmatisme fondamental, et de l'emprise de la chose en soi, et qu'il cherche par conséquent à voir dans les facultés de la raison des existences en soi. Fichte écrit[2]: «L'esprit, en tant qu'il est en général le principe ultime de certaines formes de pensée, est Noumène; dans la mesure où ces formes de pensée sont considérées comme des lois dont la nécessité est inconditionnée, il est Idée transcendantale; mais cette Idée se distingue de toutes les autres par le fait que nous la réalisons par intuition intellectuelle, par le *Je suis*, et à la vérité par le *je suis absolument parce que je suis*. Toutes les objections d'*Énésidème* contre ce procédé ont pour unique fondement le fait qu'il veut rendre valable *en soi* l'existence absolue et l'autonomie du Moi – nous ne savons ni comment ni pour qui –; alors qu'elle ne doit avoir de valeur que *pour le moi lui-même*. Le Moi est *ce qu'*il est et parce qu'il est, *pour* le Moi. Notre connaissance ne peut dépasser cette proposition. »

L'ambiguïté d'un tel texte apparaît d'emblée. S'agit-il d'un problème essentiellement spéculatif ou au contraire d'ordre pratique?[3] Sur ce point, on a mis l'accent sur la notion d'intuition intellectuelle, accent que Fichte ne semble pas du

1. *Cf.* M. Gueroult, *L'Évolution et la Structure de la Doctrine de la Science, op. cit.*, p. 142-143 du tome I.

2. *S. W.*, I, 16; *G. A.*, I, 2, 57.

3. Philonenko, *Doctrine de la science, Œuvres choisies de philosophie première*, trad. cit. p. 126.

tout mettre lui-même. Plus profonde est l'ambiguïté suivante :
dans un texte destiné à réfuter le scepticisme, Fichte semble lui
accorder l'essentiel en établissant une sorte de solipsisme
absolu. Ces ambiguïtés peuvent être levées si l'on interprète
ce passage à la lumière de la première conférence sur la
Destination du Savant. Nous verrons ainsi comment Fichte,
sans avoir changé d'idée dans le bref intervalle qui sépare ces
deux textes[1], n'a cessé d'approfondir sa pensée sans être
esclave d'aucune formulation particulière[2].

Employant volontairement, pour défendre Kant, le
vocabulaire même de Kant (noumène, idée transcendantale),
Fichte, dans la première partie du texte cité, nous indique la
même idée fondamentale que celle de la première conférence :
par le *Je suis*, qui s'exprime plus clairement sous la forme
Je suis absolument parce que je suis, nous atteignons l'Idée
transcendantale de l'esprit, dans la mesure où ses formes de
pensée sont considérées comme des lois douées d'une nécessité inconditionnée. L'esprit dont il s'agit là est le Moi pur[3]
dont les formes de pensée sont des lois nécessaires et universelles. Le solipsisme est donc écarté d'emblée si l'on
réfléchit à la nature *a priori* de l'esprit ou Moi pur. Cependant,
l'ambiguïté du texte vient de ce que la nature des lois
nécessaires et universelles n'est pas précisée. Mais, dans la
mesure où ces lois inconditionnées sont atteintes par le
sujet dans le *Je suis absolument parce que je suis*, il n'est pas
douteux qu'il s'agisse des lois morales. En effet, la position de
l'absoluité de l'existence subjective entraîne immédiatement

---

1. *Cf.* notre *Introduction historique*, p. 9-34.
2. *Cf.* Fichte, *Sur la Différence entre l'Esprit et la Lettre en Philosophie*.
3. Cette expression qui n'apparaît pas ici clarifie beaucoup la formulation
des idées de Fichte et c'est pourquoi nous l'employons.

l'impératif moral : mettre le moi empirique en accord avec le Moi pur, pour atteindre autant que possible l'accord parfait avec soi-même[1].

Sur ce point la seule différence qui apparaisse est la suivante : le mode de réalisation du Moi pur n'est pas exprimé de la même manière. Dans le *Compte Rendu de l'Énésidème*, c'est l'intuition intellectuelle. Dans la *Destination du Savant*, c'est la forme du Moi pur qui est la seule manifestation possible de ce Moi pur, dont le caractère inaccessible est très souligné. Nous ne pensons pas qu'il y ait pour autant contradiction sur le caractère réalisable ou non du Moi pur. Celui-ci restera bien réalisable dans la conférence sur la *Destination de l'homme en soi*, mais seulement dans sa forme ; et sur ce point, on peut dire que la pensée de Fichte s'est précisée et affermie.

La suite du passage du *Compte Rendu* semble reposer sur une ambiguïté volontaire, car il y est parlé du Moi, sans qu'on sache s'il s'agit du Moi empirique ou du Moi pur. Le tort d'*Énésidème* est manifeste : il veut donner une valeur *en soi* au Moi empirique. Mais la position de Fichte contre cette affirmation est beaucoup moins facile à saisir. En effet, l'idée que l'existence absolue et l'autonomie du Moi ne doivent avoir de valeur que pour le Moi lui-même est située sur le chemin qui va du Moi empirique au Moi pur. De fait, quand le Moi empirique ou l'individu prend conscience de l'absoluité de son existence, il en prend conscience comme d'un Moi pur et universel supposant d'autres Moi empiriques. La seule façon claire de comprendre la phrase de Fichte serait alors de faire porter l'accent sur l'existence *absolue* et l'*autonomie* dans leur nature idéale. Il s'agirait alors du Moi empirique qui serait en quelque

1. *S. W.*, VI, 296 ; *G. A.*, I, 3, 29.

sorte « devenu Dieu » en parvenant à son absolue autonomie[1], et qui serait alors absorbé au sein du Moi pur où toute individualité s'efface.

Cette interprétation est la plus féconde pour comprendre la place du Moi pur dans la philosophie de Fichte. En effet, c'est dans ce sens qu'en peut déterminer la signification des *Principes de la Doctrine de la Science*, où Fichte écrit : « L'essence de la philosophie critique consiste en ce qu'un Moi absolu est posé comme absolument inconditionné et indéterminable par quoi que ce soit de plus haut, et si cette philosophie développe ses conséquences à partir de ce principe, elle devient Doctrine de la Science. »[2] Il ne semble pas inutile d'avoir insisté sur cette notion, sur son élaboration et ses difficultés propres.

LE PROBLÈME DE L'« UEBEREINSTIMMUNG »

Le contenu du Moi pur nous est présenté sous les différentes expressions suivantes : « unité absolue, identité continuelle, accord total avec soi-même »[3]. Toutes ces notions s'opposent au Non-Moi « dont le caractère est la diversité ». Sur ce point, on peut dire que le Non-Moi de Fichte est strictement semblable à la nature de Kant. Dans la troisième conférence, Fichte déclare très explicitement : « Le Non-Moi indépendant, comme principe de l'expérience, ou si l'on veut la nature, est divers ; aucune de ses parties n'est parfaitement

1. Cf. *S. W.*, VI, 300 ; *G. A.*, I, 3, 32, « wenn er nicht Gott werden soll ».
2. *S. W.*, I, 119 ; *G. A.*, I, 2, 279 ; trad. p. 36. Le Moi absolu dont il s'agit ne semble en rien différent du Moi pur.
3. *S. W.*, VI, 297 ; *G. A.*, I, 3, 30.

semblable à l'autre, proposition qui est soutenue aussi dans la philosophie kantienne… »[1]. En tant que l'opposé radical de ce Non-Moi, le Moi peut être défini par l'unité, l'identité, l'accord avec soi-même.

Il semble tout à fait gratuit d'établir entre de tels termes des différences que Fichte ne fait pas lui-même. En effet, il ne s'agit pas, dans la définition que nous avons citée, du principe logique d'identité, sans lequel la pensée serait impossible. Ce principe logique dont part la recherche philosophique en général est purement formel; il nous renvoie à la forme du Moi pur, non à son contenu qui est au contraire l'horizon de la philosophie. Les distinctions déjà établies permettent d'écarter cette interprétation. Un examen rigoureux de la formule prise en elle-même aboutit au même résultat. C'est d'abord le fait que Fichte semble établir une progression entre les trois termes dans le sens d'une précision croissante; on pourrait dire que l'accord total avec soi-même est la vérité de l'identité continuelle. Mais, en second lieu, on peut s'arrêter à examiner les termes de l'expression « *stete Identität* ». Or Kant, dans la *Critique de la Raison pure*, que Fichte connaissait fort bien, avait fait un examen serré des principes d'identité et de contradiction[2] : il indiquait comment la non-contradiction est « la condition universelle, bien que seulement négative » de nos jugements, puisqu'elle ne tient pas compte du contenu de ces jugements. Et il ajoutait que lorsqu'on dit : « il est impossible que quelque chose soit et ne soit pas *en même temps* », on fait en sorte que le principe de non-contradiction est « affecté

1. *S. W.*, VI, 313 ; *G. A.*, I, 3, 42-43.
2. *Kritik der reinen Vernunft*, Analytik der Grundsätze, chap. II, sec. I, AK, III, p. 142 ; *Critique de la Raison Pure*, trad. fr. A. Renaut, Paris, GF-Flammarion, p. 233.

par la condition du temps ». « Or », ajoutait Kant (corrigeant ici une erreur dans laquelle il était jadis tombé), « le principe de contradiction, à titre de principe simplement logique, ne doit pas limiter ses prétentions à des rapports de temps ; par conséquent une telle formule est entièrement opposée au but de ce principe. » Ainsi Fichte, parlant de *stete* Identität, tomberait dans cet écueil en affectant l'identité d'une temporalité continuelle, si cette expression désignait bien, comme on a voulu le voir, un « principe simplement logique ». Or plutôt que de faire retomber Fichte au niveau du psychologisme, il semble plus rigoureux de reconnaître qu'il ne s'agit absolument pas là du principe logique d'identité, mais de l'Idée transcendantale du Moi pur.

En ce sens, l'interprétation de M. Vuillemin, à propos du *Compte Rendu de l'Énésidème*, paraît irrecevable : « La philosophie doit… abandonner comme point de départ la possibilité de l'expérience sur laquelle croyait pouvoir se fonder l'analyse kantienne (…) Seule la méthode génétique passe de la contingence à la nécessité car elle seule part du seul acte indubitable : la construction de la conscience de soi, c'est-à-dire la possibilité de la conscience réelle de soi. Il n'y a plus alors de principe d'identité à l'origine de l'expérience ou de la représentation, mais *c'est la conscience elle-même qui est le principe d'identité* »[1]. Il faut remarquer d'abord que si Fichte abandonne le problème des conditions de l'expérience possible, c'est pour prendre comme point de départ réel l'expérience de fait considérée comme seule possible ; et il faut distinguer le point de départ réel du point de départ méthodologique. En second lieu,

---

1. J. Vuillemin, *L'Héritage kantien et la Révolution copernicienne*, Paris, P.U.F., 1954, p. 27 ; nous soulignons.

la nécessité de la philosophie en tant que Doctrine de la Science vient de ce qu'elle part de l'expérience pour en donner une élucidation intelligible. C'est dans cette expérience qu'elle trouve la Forme du Moi pur qu'on peut assimiler à l'identité logique. Il ne faut pas confondre alors cette identité logique avec l'identité morale idéale qu'est l'Uebereinstimmung ; une telle assimilation n'est pas autorisée par les textes de Fichte. Il faudrait dire plutôt que le principe d'identité, en tant que nous nous en servons nécessairement dans l'expérience réelle de la pensée, nous atteste l'existence du Moi pur comme Idée transcendantale, de même que la Forme renvoie au Contenu sans lui être identique. Et l'identité de ce Moi pur, qui n'est plus simplement formelle, ne peut jamais être la conscience elle-même. De plus, seul le philosophe a la possibilité de dégager de cette conscience qui n'est qu'un Moi empirique, la Forme du Moi pur, ainsi que ce Moi pur lui-même.

La responsabilité des interprétations fallacieuses revient essentiellement à Hegel qui, influencé lui-même par Schelling, eut une influence sur tous les lecteurs ultérieurs de Fichte. Le texte de la *Différence des Systèmes de Fichte et de Schelling* montre une totale incompréhension des notions d'identité et d'originaire chez Fichte[1].

Hegel part de sa propre conception de l'identité, à savoir la différence conçue dans l'unité. Étant posé comme absolument indubitable que le mouvement de la connaissance est l'identité du sujet et de l'objet, et que le savoir du savoir est la reconnaissance du sujet par lui-même en tant qu'identité absolue, la

---

1. Hegel, *Differenz des fichteschen und schellingschen Systems der Philosophie*, éd. Lasson, I, 37-38 et 39-74 ; *La Différence entre les systèmes philosophiques de Fichte et de Schelling*, trad. fr. B. Gilson, Paris, Vrin, 1986, p. 135-166.

pensée de Fichte apparaît partielle et par conséquent fausse. En effet, Hegel remarque très justement que Fichte présente l'identité absolue comme un idéal auquel la conscience empirique ne peut arriver; et c'est au nom de sa propre conception de l'identité qu'il critique cette notion[1].

Mais la critique hégélienne va plus loin encore dans la mesure où elle voit dans la pensée de Fichte une profonde contradiction. Fichte affirmerait à la fois le caractère absolu de l'identité Moi = Moi, et le caractère irréductible de l'opposition du Moi et du Non-Moi. Hegel ne fait pas du tout la distinction à laquelle Fichte tenait entre l'identité logique et l'identité absolue, et il tombe dans la confusion entre le Moi absolu et la Forme du Moi que seul le philosophe peut dégager en tant qu'identité. Hegel suppose en effet que le progrès vers ce Moi pur est en même temps retour à l'identité originaire. Or Fichte ne semble pas concevoir du tout l'originaire à la manière de Hegel. Pour celui-ci, l'originaire est l'identité préalable à la scission du sujet et de l'objet. Pour Fichte, la notion d'originaire est secondaire, dans la mesure où il n'emploie guère le terme[2] et ne lui donne pas un sens technique élaboré. S'il parle de la forme pure et originaire de notre Moi, c'est pour l'opposer aux déviations que l'expérience non contrôlée a pu porter en nous[3]. Et cet originaire, en tant que Moi pur, n'est à aucun titre objet de la connaissance de soi pure. Il semble donc que Hegel

---

1. *Ibid.*, p. 113; Lasson, I, 44; et surtout p. 107, Lasson, I, 38. Le *Sollen*, dit Hegel, exprime « l'opposition permanente, le non être absolu de l'identité. » *Cf.* Jean Wahl, *Le malheur de la conscience...*, Paris, P.U.F., 1951, p. 57-62.

2. Une seule fois dans les *Conférences*: *S. W.*, VI, 298; *G. A.*, I, 3, 31.

3. Kant est plus précis que Fichte : il oppose *intuitus originarius* et *intuitus derivativus* (§ 8 de l'*Esthétique Transcendantale*); originaire signifie alors « ce qui ne suppose rien avant soi et crée son objet ».

plaque sur les textes fichtéens l'idée d'un « retour à l'originaire », qui en réalité vient entre autres de la neuvième lettre *Sur le Dogmatisme et le Criticisme* de Schelling, et dont il a fait lui-même grand cas, mais que Fichte n'a pas utilisée, au moins dans sa « première philosophie ». De plus, Hegel pose une équivalence très dangereuse entre conscience pure et Moi pur, conscience empirique et Moi empirique ; liée à la notion d'intuition intellectuelle, cette pseudo-équivalence fait de l'interprétation hégélienne un « nid de contradictions » pour retourner contre Hegel l'expression qu'il retournait contre Kant.

Or la conception hégélienne de l'originaire a influencé fortement les interprètes de Fichte. Ainsi, M. Gueroult peut écrire (*op. cit.*, t. I, p. 265) : « Il s'agit de nier la réalité du Moi absolu en affirmant que le Moi actuellement fini est le Moi absolu lui-même, mais déchu de son infinité première. » Or cette idée d'une déchéance à partir de l'originaire fait partie de la philosophie hégélienne inspirée sur ce point par la mystique allemande plutôt que de la philosophie de Fichte, dans laquelle les préoccupations mystiques n'apparaîtront qu'assez tardivement. De la même manière, M. Vuillemin (*op. cit.*, p. 60 *sq.*) peut écrire, dans un style d'une inspiration évidemment hégélienne, que « l'idéalisme transcendantal » (de Fichte) « … pose nécessairement dans le retour originaire un Soi du *pour-soi*, non par une réflexion dérivée et philosophante pour laquelle le sujet resterait distinct de l'objet, mais une réflexion (si même ce mot est ici légitime) originaire et primitive, encore ignorante de la scission par laquelle se produit l'objet. »

CONSÉQUENCES ÉTHIQUES ET PÉDAGOGIQUES

Comprendre avec exactitude le Moi pur était une tâche difficile. Aussi les contemporains de Fichte s'attachèrent-ils surtout aux conséquences éthiques et pédagogiques de cette notion plus qu'à cette notion elle-même.

Fichte prévoyait qu'on pourrait mal interpréter son point de vue. Et il avertissait ainsi ses auditeurs : « Ce n'est pas seulement la volonté qui doit être une avec soi-même… mais ce sont toutes les forces de l'homme… »[1]. Ainsi l'interprétation exclusivement morale du Moi pur est fausse en tant qu'elle est limitative et qu'on pourrait penser que seule la volonté humaine est concernée. Or, malgré ces avertissements, c'est en ce sens que les contemporains tendirent à gauchir la pensée de Fichte. Dans les *Principes du Droit naturel*, parus en 1796, Fichte indiquait en note : « La proposition : les diverses actions de la volonté libre doivent s'accorder avec elles-mêmes, serait la proposition de base de la moralité. C'est là une application malheureuse du postulat posé dans les conférences sur *la Destination du Savant*, postulat de l'accord absolu de l'être raisonnable avec soi-même ». En effet, et malgré ce qu'avait dit Fichte, on avait tiré de la notion de Moi pur postulée dans les conférences et justifiée dans les cours privés sur les *Principes de la Doctrine de la Science*, des conséquences extravagantes. Fichte ajoute : « On ne doit alors songer qu'à devenir un scélérat bien conséquent, tel que D. Ehrard représente le diable dans son apologie du diable (*Niethammers philosophische*

---

1. *S. W.*, VI, 297 ; *G. A.*, I, 3, 30. Sur l'influence pédagogique de ce principe, voir en particulier Klaus Giel, *Fichte und Fröbel*, Heidelberg, Quelle & Meyer, 1959, p. 38 *sq.*

Zeitung, v.i., 1795); les actions de la volonté libre s'accordent ensuite parfaitement entre elles, car elle contredisent toutes ensemble la conviction de ce qui doit être, et on est en accord avec une telle doctrine morale. »[1] Il ne s'agit pas là d'une pure plaisanterie, mais d'un problème fondamental aux yeux de Fichte, la distinction de ce qui appartient au système et de ce qui appartient à la fondation du système. Dans les conférences, ce problème n'apparaît que d'une façon fragmentaire[2], mais l'éthique appartient sans aucun doute au corps du système alors que le principe de l'accord avec soi-même est principe de la fondation du système.

Ce qui nous explique en réalité que l'interprétation des contemporains se soit portée sur les problèmes moraux et pédagogiques traités par Fichte à la lumière du Moi pur, c'est que les idées de l'auteur étaient sur ce point beaucoup moins originales.

Du point de vue moral, la loi de l'accord parfait de l'homme avec soi-même exige « l'accord parfait des objets qu'il a en dehors de lui avec les concepts nécessaires et pratiques qu'il a de ces objets »[3]. Et cet « accord en général... est ce que Kant appelle le *souverain Bien* ». Mais sur ce point, Fichte se sépare de Kant, qui dans la *Critique de la Raison pratique*[4], écrit que le concept de souverain bien est double : en tant que « *supremum* » il serait la vertu ; en tant que « *consummatum* »,

---

1. *S. W.*, III, 10; *G. A.*, I, 3, 320-321 ; note d'un passage où Fichte distingue spécificité morale et spécificité du droit naturel, comme expressions différentes d'un même principe de philosophie première.

2. *S. W.*, VI, 302, *G. A.*, I, 3, 34 « Il y a une foule de questions à laquelle la philosophie ... »

3. *S. W.*, VI, 299 ; *G. A.*, I, 3, 31-32.

4. Partie I, livre II, section 1, AK, V, 110; trad. fr. Fussler, p. 231.

le bonheur. Or, ajoute Kant, pour l'homme, les deux parties du concept de souverain Bien sont inconciliables, et celui qui suit la loi morale n'a pas le droit de chercher la conciliation ; il doit s'efforcer à la vertu en tant qu'elle est le bien le plus haut, et ne peut pas faire un seul pas vers le bonheur auquel il aspire. La possibilité d'une conciliation n'est envisageable que dans l'Idée de Dieu ; Fichte refuse ce dédoublement du souverain Bien, en se référant au Moi pur. En soi, le souverain Bien est le « parfait accord d'un être raisonnable avec lui-même ». C'est seulement dans la façon dont un être raisonnable déterminé appréhende ce souverain Bien que celui-ci se présente sous deux aspects différents : du point de vue de la loi morale dont Fichte a mentionné la formule : « Agis de telle manière que tu puisses penser la maxime de ta volonté comme une loi valant éternellement pour toi »[1], le souverain Bien est l'accord de la volonté particulière avec l'Idée d'une volonté valant éternellement, c'est-à-dire la vertu ; du point de vue de la relation de l'homme aux objets empiriques, il se présente comme « l'accord des objets en dehors de nous avec notre volonté », c'est-à-dire le bonheur. Et l'ordre de préséance entre vertu et bonheur est bien le même que chez Kant : ce n'est pas le désir du bonheur qui nous fait parvenir à la vertu ou valeur morale ; cependant le caractère nécessairement pénible du devoir n'est pas accepté par Fichte, pour qui la recherche de la vertu, qui est l'essentiel, peut être accompagnée de la recherche du bonheur, car « seul ce qui est bon rend heureux ».

D'autre part, pour parvenir à mettre en accord notre Moi qui dépend des objets empiriques dont le caractère est la diversité, avec le Moi pur dont le caractère est l'unité, il faut

1. *S. W.*, VI, 297 ; *G. A.*, I, 3, 30.

que nous nous efforcions d'agir sur le Non-Moi pour le soumettre à nos concepts nécessaires, et dans cette tâche la volonté ne suffit pas. Il y faut l'acquisition d'une certaine habileté, et c'est le rôle de la pédagogie qui fait accéder l'humanité à la culture. Le rapport de la pédagogie et de la morale est fort souligné par Fichte, dans la mesure où le souverain Bien et la loi morale resteraient lettre morte sans la culture. Sur ce point, l'originalité de Fichte semble faible ; il avait subi l'influence de Pestalozzi[1] et de Kant. Les termes d'« habileté » et de « culture » avaient été définis par Kant au paragraphe 88 de la *Critique de la faculté de juger*[2] : « Produire dans un être raisonnable l'aptitude générale aux fins qui lui plaisent (par conséquent dans sa liberté) est la culture ». « La culture de l'habileté est assurément la principale condition subjective de l'aptitude à la réalisation des fins en général, mais elle ne suffit pas pour aider la volonté dans la détermination et le choix des fins… ». Il faut en effet y joindre « la culture de la discipline qui est négative et consiste dans la libération de la volonté par rapport au despotisme des désirs… ».

Du point de vue des termes, Fichte ne suit pas exactement Kant, mais il ne modifie en rien la pensée du maître. Kant en effet ne définissait guère la première partie de la culture, ou culture de l'habileté. Et Fichte va assimiler cette culture à l'« acquisition de l'habileté », cette acquisition ayant elle-même deux fonctions qui sont au fond celles que Kant avaient distinguées. Tout d'abord l'habileté a un rôle négatif : détruire les inclinations dépravées installées en nous avant l'éveil de la

---

1. *Cf.* X. Léon, *Fichte et son temps, op. cit.*, t. I, p. 211-216 *et passim*.
2. L'influence est reconnue par Fichte lui-même, Lettre du 17 (?) juin 1794.

Raison; c'est ce que Kant appelait culture de la discipline. Ce rôle négatif était appelé dans la *Contribution*... « la soumission [*Bezähmung*] de la sensibilité », dans laquelle celle-ci apprend qu'«elle ne doit plus prétendre nous prescrire nos fins, ni les conditionner »[1]. Le rôle positif de l'habileté est de modifier les objets en dehors de nous et de les transformer selon nos concepts. Dans la *Contribution*..., Fichte disait que par la « culture de la sensibilité », celle-ci apprend à être « serviteur adroit et docile». En effet, qu'est-ce qui est cultivé dans l'homme? C'est la sensibilité[2], et la culture n'est pas autre chose que la libération progressive de l'homme qui prend de mieux en mieux possession de soi-même. A ce propos, la *Contribution*... nous éclaire : «Par opposition au Moi pur, la sensibilité comprend tout ce qui n'est pas ce Moi pur lui-même, donc toutes nos forces corporelles et spirituelles qui peuvent être déterminées par quelque chose en dehors de nous, et dans la mesure où elles le peuvent... La pure forme de notre Soi n'est susceptible d'aucune culture : elle est complètement inchangeable. »[3] Ce texte nous permet de mieux comprendre comment morale et pédagogie sont indissociables en tant qu'elles ont pour tâche de mettre toutes forces de l'homme en accord avec le Moi pur, autant qu'il est possible.

Pour terminer sa première leçon, Fichte fait une péroraison exhortative dans le meilleur style de la prédication. Nous en examinerons la portée philosophique en dégageant la philosophie de l'histoire implicite et explicite des conférences. L'apparence sinueuse de cette première conférence venait de

---

1. *S. W.*, VI, 87-88; *G. A.*, I, 1, 242.

2. *S. W.*, VI, 298; *G. A.*, I, 3, 31. Pour se résumer Fichte écrit : « la sensibilité doit être cultivée ».

3. *S. W.*, VI, 88; *G. A.*, I, 1, 242.

ce que Fichte ne s'était pas engagé totalement dans l'analyse systématique du Moi pur et qu'il était passé aussi rapidement que possible pour ne pas manquer de rigueur, aux implica-tions morales et pédagogiques du Moi pur. Les leçons suivantes seront beaucoup plus aisées et plus simples dans leur plan, ce qui explique que les commentateurs aient surtout insisté sur elles[1].

---

1. Xavier Léon, Alexis Philonenko, par exemple.

CHAPITRE II

LE MONDE DES HOMMES

Dans l'édition qu'il a donnée des conférences sur la *Destination du Savant*, Hans Riehl signale l'intrication tragique des raisonnements de Fichte que révèle l'articulation de la seconde conférence sur la première. Selon lui, Fichte raisonne dans la première leçon à partir du concept d'homme en soi pour arriver dans la seconde à la conclusion que l'homme en soi, c'est-à-dire isolé des êtres de son espèce, n'est pas pensable. La contradiction évidente viendrait de ce que Fichte, dans sa première conférence, serait parti des concepts que lui donnait son époque pour les réfuter dans la seconde. Cette hypothèse qu'aucune affirmation de Fichte ne justifie, se fonde sur une méconnaissance des points déjà éclairés, à savoir le concept d'homme en soi et le Moi pur, et sur la confusion entre le fait de considérer l'homme isolé et le fait de vivre isolé, qui est seul déclaré par Fichte impensable en toute rigueur.

Il nous semble au contraire que le procès de la réflexion fichtéenne est parfaitement rigoureux. Le concept d'homme en soi et l'Idée de Moi pur, par leur généralité, manifestent d'emblée au philosophe l'existence d'autrui comme *possible*.

Mais cette possibilité ne suffit pas pour comprendre la destination de l'homme dans la société réelle. Il ne suffit pas non plus d'invoquer l'expérience courante. « L'expérience apprend seulement que la représentation d'êtres raisonnables en dehors de nous est contenue dans notre conscience empirique; et sur ce point il n'y a pas de discussion et aucun solipsiste [*Egoïst*] ne l'a encore contesté », écrit Fichte[1]. Pour réfuter définitivement ce que Fichte appelle l'« Égoïsme », et qui est le solipsisme, il faut donner une justification théorique fondée de l'expérience. Cette réfutation est essentielle, car le fantôme du solipsisme plane sur tout l'idéalisme transcendantal; Jacobi n'écrivait-il pas : « L'idéalisme transcendantal doit même ne pas redouter le reproche d'égoïsme spéculatif, car il lui est impossible de se maintenir dans son système s'il veut simplement écarter de lui ce reproche »[2]? Toute la pensée de Fichte est une réponse à ce sophisme.

Le problème qui se pose est donc celui de la justification théorique de l'existence d'autrui; Fichte le formule d'une façon extrêmement précise : à quels signes caractéristiques pouvons-nous reconnaître autrui comme un être semblable à nous? L'enjeu de ce problème n'est pas uniquement de réfuter le solipsisme. On pourrait même dire que le solipsisme est rejeté dès la première leçon, du moins sous sa forme radicale qui a inspiré la « philosophie romantique ». L'enjeu fondamental est en réalité là : si l'existence d'autrui peut être rigoureusement déduite à partir d'un principe dont elle tirera sa certitude absolue, alors la philosophie pourra s'attaquer à sa tâche essentielle, la doctrine du droit naturel, la doctrine de

1. *S. W.*, VI, 303 ; *G. A.*, I, 3, 35.
2. Jacobi, *Werke*, II, *op. cit.*, p. 310.

l'éthique et la réflexion politique. C'est donc le développement interne de sa propre pensée plus que la réfutation de tel ou tel système que Fichte envisage quand il pose et tente de résoudre ce problème. Il ne faut pas considérer la seconde conférence comme une originalité de Fichte, mais bien voir à quel point elle fait partie du dessein d'ensemble de l'auteur qui cherche par là à rendre possible la constitution de la philosophie comme science. Le développement même des idées montre comment le problème de la reconnaissance d'autrui met en jeu de nombreuses notions-clés : le Non-Moi dont autrui fait partie, la liberté, la société et les différents rôles sociaux des individus.

LA RECONNAISSANCE D'AUTRUI

Abordant le problème de la reconnaissance d'autrui, Fichte rend hommage aux philosophes critiques qui, dit-il, ont épuisé le domaine théorique de la philosophie. Il est donc nécessaire de cerner en quels termes la question de la communication avec autrui a pu être traitée par Kant.

Dans la *Critique de la Raison pure*, sous la forme que lui donne la seconde édition de 1787, le problème d'autrui n'est pas abordé de front ; on pourrait dire qu'il se traduit dans le rapport du sujet individuel à l'universalité de la connaissance. Ainsi, à la fin de la déduction transcendantale des catégories, Kant réfute celui qui verrait dans les catégories des « dispositions subjectives à penser [*Anlagen zum Denken*] qui sont mises en nous en même temps que notre existence et que notre créateur a réglées de telle sorte que leur usage concorde avec les lois de la nature suivant lesquelles se déroule l'expérience (ce qui est une sorte de système de préformation de la raison pure)», en lui objectant que la nécessité ferait défaut à des catégories de cette sorte et que les hommes ne pourraient plus communiquer leur savoir entre eux : «on ne pourrait chercher querelle à personne à propos d'une chose qui repose simplement sur la manière dont chaque sujet est organisé»[1]. C'est donc la nécessité de la structure a priori de l'esprit humain qui fonde la communication entre les hommes, qui fait qu'il peut y avoir discussion avec l'autre.

Au point de vue moral, le problème d'autrui pourrait être posé par Kant d'une façon plus explicite. Or il n'en est rien. En 1785, dans les *Fondements de la Métaphysique des Mœurs*, Kant, à propos du respect, n'indique même pas qu'il peut y avoir respect d'autrui, et se contente de parler du respect des idées afin d'amener son thème du respect de la loi[2]; à propos de l'amour, de même, la distinction entre amour pratique et amour pathologique n'introduit pas le problème de la reconnaissance d'autrui. C'est à propos de la seconde formule de l'impératif catégorique que Kant approche le plus de ce problème : le fondement de la loi morale, écrit-il, est que «*la nature raisonnable existe comme fin en soi*. L'homme se représente nécessairement ainsi sa propre existence... Mais tout autre être raisonnable se représente également ainsi son existence, en conséquence du même principe rationnel qui vaut aussi pour moi.» Ici Kant ajoute en note qu'il avance cette proposition comme un postulat qui sera justifié dans la dernière section, et il énonce l'impératif catégorique ainsi : «Agis de telle sorte que tu traites l'humanité aussi bien dans ta personne que dans la

1. B, p. 168.
2. A-B, p. 16 *sq.*; *Fondements de la Métaphysique des Mœurs*, trad. V. Delbos, Paris, Vrin, 1992, p. 102 *sq.* (Désormais cité *FMM*).

personne de tout autre toujours en même temps comme une fin,
et jamais simplement comme moyen»[1]. On peut remarquer
dans ce texte l'importance donnée à la notion de personne, qui
marque selon Kant que la nature désigne les êtres raisonnables
comme fins en soi, mais sans pour autant que le problème de la
reconnaissance d'autrui comme personne soit vraiment posé ;
en effet, il s'agit non pas de traiter autrui comme fin en soi, mais
de traiter l'humanité comme fin dans la personne de tout autre.
Il ne s'agit pas d'un rapport interpersonnel, mais du rapport
avec l'humanité de n'importe quel autre. L'emploi du pronom
indéfini marque bien que Kant entend souligner d'abord que
l'essentiel est l'universalité de la raison dans la loi morale et
non le rapport de personne à personne. Quant à la note selon
laquelle tout être raisonnable se représente son existence
comme fin en soi, elle nous renvoie à l'idée qu'«un monde
d'êtres raisonnables (*mundus intelligibilis*), considéré comme
un règne des fins, est possible, et cela par la législation propre
de toutes les personnes comme membres ». Mais la notion de
monde intelligible doit rester une idée s'il est vrai que
l'entendement ne doit pas franchir ses bornes.

En fait, c'est seulement dans la *Critique de la Faculté
de Juger* de 1790 que Kant voit son système achopper au
problème de la communication d'une façon directe. Dès la
méthodologie de la raison pure pratique, seconde partie de la
Critique de la Raison Pratique, il avait indiqué très brièvement
que « ... tout ce dont la considération produit subjectivement
une conscience de l'harmonie de nos pouvoirs de représentation [*Vorstellungskräfte*] et nous fait sentir le développement
de tout notre pouvoir de connaître (l'entendement et

---

1. A-B, p. 66-67, *FMM*, p. 150; A-B, p. 183, *FMM*, p. 166.

l'imagination), procure une satisfaction qui peut aussi être communiquée à d'autres... »[1]; c'était déjà situer le problème de la communication dans la sphère des sentiments subjectifs dont le sentiment esthétique est celui que Kant analysera de la façon la plus précise. Au § 5 de la *Critique de la Faculté de Juger*, opposant le beau et l'agréable, Kant déclare que « la beauté n'a de valeur que pour les hommes »[2], et par là le sentiment du beau nous introduit dans une sphère spécifiquement humaine. Toute l'analytique du beau converge vers l'idée de communication intersubjective : la prétention du jugement de goût à l'universalité donne l'indication d'une « universelle communicabilité subjective du mode de représentation... » qui « ne peut être autre chose que l'état d'esprit [*Gemützustand*] dans le libre jeu de l'imagination et de l'entendement »[7]. On voit donc que si Kant est forcé de poser pour lui-même le problème de la communication entre les personnes, c'est parce que le jugement de goût n'est pas purement rationnel, que sa prétention à l'universalité ne renvoie pas à l'universalité de la raison, dans laquelle le problème de la communication se dissolvait avant même d'être posé. Ne concernant pas seulement la raison, le jugement de goût est marqué d'individualité, et la communication ne sera donc plus nécessaire et universelle de droit, elle sera interpersonnelle, universalité et nécessité restant alors des présomptions. C'est la nécessité de l'adhésion universelle présumée dans le jugement de goût qui nous indique le plus nettement qu'il doit y avoir un *sensus communis estheticus*, principe subjectif de communication, présupposé

---

1. A 286, trad. ; *cf.* A. Philonenko, *La liberté humaine dans la philosophie de Fichte*, Paris, Vrin, 1980, p. 38-39.

2. *Critique de la Faculté de Juger*, trad. A. Philonenko, Paris, Vrin, 1965, (Désormais cité *CFJ*), p. 54 ; p. 61 ; p. 79 *sq.* ; p. 86.

par la « communicabilité universelle d'un sentiment », et dont Kant fait même « la condition nécessaire de la communicabilité universelle de notre connaissance »[7]. On voit par là que l'universalité de la raison s'adosse sur une universalité subjective plus profonde, qui pourrait bien être à la racine de ce mystérieux « art caché » qu'est le schématisme transcendantal. Sur ce point, le § 21 est formel : la communicabilité d'une connaissance suppose la communicabilité subjective de l'état d'esprit [*Gemützustand*] dont le sens commun peut seul rendre compte. Le *sensus communis* des hommes se différencie donc en un *sensus communis estheticus* et un *sensus communis logicus*, qui malgré leurs différences très apparentes, ne sont que les deux espèces d'un même genre. Mais Kant ne s'en tient pas là, et il indique un rapport fondamental entre l'éthique et l'esthétique. On voit donc à quel point la *Critique de la Faculté de Juger* met en évidence le problème de la communication avec autrui, jusqu'à en faire le principe de restructuration du système et son noyau central. C'est ce qu'exprimait avec force le texte de *Qu'est-ce que s'orienter dans la pensée ?* : « Mais penserions-nous beaucoup et penserions-nous bien, si nous ne pensions pas pour ainsi dire en commun avec d'autres, qui nous font part de leurs pensées et auxquels nous communiquons les nôtres ? »

Il est donc clair que l'œuvre de Kant, en particulier la *Critique de la Faculté de Juger*, donnait à Fichte les concepts nécessaires pour poser le problème de ce qu'on peut appeler en langage moderne les rapports intersubjectifs, et on comprend qu'il ait songé sur ce point à louer le travail théorique de la philosophie critique. Cependant allant plus loin que Kant, pour qui la communication faisait problème dans la mesure où l'existence d'autrui n'était pas elle-même problématique, Fichte met celle-ci en question et en fait le point de départ de sa

réflexion. Il va ébranler cette certitude du point de vue méthodologique, et formuler ainsi la question : à quoi reconnaissons-
nous qu'autrui semblable à nous existe ?

Le point de départ réel à partir duquel Fichte va tenter de
justifier l'existence d'autrui est, comme dans la première
conférence, l'expérience individuelle. Dans le moi individuel,
nous avons décelé la tendance à l'accord parfait avec soi-
même, qui est en même temps tendance à accorder le Non-Moi
avec les concepts nécessaires du Moi qui concernent le Non-
Moi. C'est donc à partir du problème de l'accord du Non-Moi
avec le Moi que va se poser le problème de la reconnaissance
d'autrui. Sur ce problème de l'objet, Fichte est nécessairement
succinct, car il ne peut épuiser en quelques minutes une
question sur laquelle il insiste longuement dans les *Principes
de la Doctrine de la Science*; dans ce texte même où les
rapports entre Moi et Non-Moi sont l'essentiel, Fichte a pris
soin de mentionner, sur le chemin qui va de la synthèse de la
causalité à la synthèse de la substantialité, comment l'idée que
l'existence du Moi est suspendue à celle du Non-Moi est liée
comme immédiatement à l'idée que le Non-Moi comprend
d'autres Moi, idée exprimée ainsi par Fichte : « Pas de Toi, pas
de Moi »[1]. C'est dans le Non-Moi que nous devons chercher à
reconnaître autrui, et par conséquent il est logique que la
réponse au problème de la connaissance rende possible une
solution au problème de la reconnaissance d'autrui.

---

1. *S. W.*, I, 189; *G. A.*, I, 2, 337; trad., p. 83. Cette formule est reprise de
Jacobi (*Werke*, II, p. 40 n., p. 176, 217, 278); mais alors que Jacobi l'emploie
dans un sens général et non d'emblée interpersonnel, la deuxième conférence
sur la *Destination du Savant* montre que Fichte vise bien là le problème
d'autrui.

De même que dans le Moi résident des concepts d'objets qui exigent d'avoir un répondant, une contre-image (*Gegenbild*) dans le Non-Moi, de même l'homme exige que son concept d'être raisonnable ait une existence dans le Non-Moi. Le problème se trouve ainsi posé dans toutes ses déterminations et il faut suivre les étapes par lesquelles passe Fichte pour arriver à la solution souhaitée. Y a-t-il un critère absolument sûr qui nous permette de reconnaître autrui ? Telle est la question cruciale à partir de laquelle on pourra affirmer si l'exigence d'autrui qui se trouve en chaque homme est fondée ou non.

Fichte commence par écarter d'une façon très nette la solution proposée par Kant au § 64 de la *Critique de la Faculté de Juger*. Dans ce texte, le propos de Kant était exactement l'inverse de celui de Fichte : il cherchait le caractère propre des choses comme fins naturelles et envisageait donc de distinguer les effets produits par la nature des effets produits par la raison. Prenant l'exemple d'un hexagone tracé sur le sable, Kant indiquait comment, selon toute probabilité, cette figure devrait être considérée comme le produit de l'art par le voyageur isolé qui la rencontrerait dans un pays apparemment désert. Remarquons que Kant présente ce résultat comme une hypothèse tout à fait probable et qu'il emploie comme mode des verbes le conditionnel. Fichte va s'opposer à Kant à la fois par son attitude et par les résultats de son analyse. Son attitude consiste d'abord à renverser le problème : il s'agit d'isoler les effets produits par autrui des effets naturels ; ensuite à rechercher sur ce sujet une certitude absolue, l'enjeu du problème étant tel que la probabilité ne saurait être satisfaisante.

Du point de vue des résultats, Fichte admet avec Kant que les effets de l'art sont nécessairement compris par la finalité et que ce à quoi celle-ci ne s'applique pas n'a certainement pas un auteur raisonnable. Cependant, la finalité, c'est-à-dire la causalité d'après des concepts, l'activité selon des fins, est une caractéristique nécessaire, mais non suffisante de la rationalité (*Vernünftigkeit*)[1]. L'opposition avec Kant ne se manifeste nettement qu'à partir du moment où Fichte, affirmant l'ambiguïté de la finalité, montre qu'il est à ses yeux secondaire de distinguer les lois organiques des lois mécaniques, dans la sphère des lois de la nature (ce qui était fondamental aux yeux de Kant), et que la distinction importante est celle des lois nécessaires de la nature (qu'elles soient conçues selon la finalité ou selon la causalité) et des lois de la liberté qui sont le signe certain de la raison, car « la raison agit toujours avec liberté ».

Le problème devient ainsi le suivant : quel critère avons-nous pour reconnaître infailliblement qu'un phénomène est le produit de la liberté ? A cet égard l'opposition kantienne des phénomènes et des noumènes est remise en question par Fichte, et refusée par lui comme plus tard par Schelling et Hegel. C'est *dans* le phénomène que doit se faire jour « une caractéristique sûre et infaillible de la rationalité ». De même que le philosophe pouvait voir dans sa conscience la manifestation de la Forme du Moi pur[2], de même il doit discerner dans les phénomènes les signes d'un être en soi. Ceci ne veut pas dire que Fichte revienne sur son affirmation qu'« un être en soi n'est jamais objet d'expérience »[3] ; c'est seulement par la médiation de la réflexion philosophique que peut se manifester le critère sûr de l'acte produit par un autre Moi. Jamais

1. *S. W.*, VI, 305 ; *G. A.*, I, 3, 36.
2. *Cf.* E. Lask, *Gesammelte Schriften*, 3 volumes, Tübingen, Mohr, 1923, *Werke*, I, p. 101-103.
3. *S. W.*, VI, 303 ; *G. A.*, I, 3, 35.

l'existence d'autrui ne sera une donnée immédiate de la conscience. Et l'on voit du même coup quel sens a pour Fichte la négation de la division entre phénomènes et noumènes : c'est dans les phénomènes eux-mêmes que le philosophe doit savoir trouver la trace de l'Absolu, qui n'est plus conçu comme l'éternellement immuable, mais comme l'avenir de l'humanité ; par là Fichte refuse en toute lucidité la solution de la troisième antinomie kantienne, plaçant la causalité libre dans la sphère des noumènes et la causalité naturelle et nécessaire dans celle des phénomènes.

La recherche d'un critère de l'action due à la liberté consiste en fait à déterminer positivement la caractéristique de la société humaine. Dans cette détermination, Fichte mêle à l'analyse strictement rationnelle et méthodique, des considérations sur la marche de l'humanité et l'avenir de la société que nous mettons ultérieurement en place dans la philosophie de l'histoire qui se dégage de ce texte. Le passage qui apporte la solution au problème de la reconnaissance d'autrui est bref et énigmatique : c'est le paragraphe où Fichte distingue les différents changements qui peuvent se produire dans les modes d'action de la substance. Partant de l'expérience individuelle, Fichte pose que nous pouvons être conscients de notre liberté d'une façon seulement négative, c'est-à-dire par la conscience qu'aucune cause extérieure ne nous détermine à agir. Or le résultat de notre action libre diffère radicalement suivant que nous agissons sur une autre liberté ou sur le reste du Non-Moi. L'action libre sur ce Non-Moi a pour effet de modifier les phénomènes d'une façon telle que ces modifications et les conséquences qu'elles entraînent peuvent s'expliquer encore en fonction des lois de la nature, mécaniques et organiques. Au contraire, quand l'action libre du Moi porte sur un autre Moi, alors la transformation opérée par cette action dans les

phénomènes a des résultats qui ne peuvent plus du tout
s'expliquer à l'aide des lois qui présidaient auparavant à ces
phénomènes ; le critère auquel nous pouvons *reconnaître* dans
les phénomènes que nous avons affaire à autrui est que l'action
d'un autre Moi est susceptible d'être influencée d'une façon
toute différente du cours des phénomènes naturels. C'est donc
la notion d'*influence* qui semble la clé de toute l'analyse
fichtéenne : l'action d'une liberté sur une autre liberté nous
introduit dans la communauté humaine ; elle n'a rien de
commun avec l'action de la liberté humaine sur la nature. Les
modalités de cette influence sont décrites aux §§ 5 et 6 des
Principes du Droit naturel, faisant suite à la déduction du corps
propre à laquelle Fichte faisait allusion au début de notre
seconde conférence. Le cinquième théorème, que tout le § 6
doit prouver, s'énonce ainsi : « La personne ne peut s'attribuer
un corps sans le poser comme tombant sous l'influence d'une
personne en dehors de lui, et sans par là-même le déterminer
davantage »[1]. Si dans la seconde conférence, Fichte n'entre pas
dans le détail des relations humaines telles qu'on peut les
envisager dans leurs manifestations extérieures (ce qui est la
sphère du droit), c'est qu'il entend rester au niveau de philosophie première où il s'est placé depuis le début de ces
conférences, et ne poser que l'esquisse d'une solution. Mais on
pourrait dire que son analyse gagne en intensité, par le
raccourci saisissant qui lui est imposé, ce qu'elle perd en
détails et en nuances.

Notons également que Fichte masque en quelque sorte
son opposition à Kant en empruntant ses expressions à la

1. *S. W.*, III, 61 *sq.* ; *G. A.*, I, 3, 364-365 ; *cf.* M. Gueroult, *L'Évolution et la
Structure de la Doctrine de la Science*, *op. cit.*, t. I, p. 279-281.

terminologie kantienne : « mode d'action de la substance qui nous est donnée dans le phénomène », « action réciproque d'après des concepts ». Dans la première expression, destinée à indiquer simplement le cours des phénomènes, Fichte reprend manifestement les termes mêmes de la première analogie de l'expérience dans la *Critique de la Raison pure*, où Kant écrivait : « Dans les phénomènes le permanent est donc l'objet même, c'est-à-dire la substance (*phaenomenon*), mais tout ce qui change ou peut changer appartient seulement au mode par lequel cette substance ou ces substances existent, et par conséquent à leurs déterminations.[1] » Situant volontairement la substance dans les catégories de la relation, Kant montrait par là que celle-ci suppose le temps et l'espace et ne peut se trouver que *dans* les phénomènes ; c'est ce que M. Vuillemin a nommé « conception vectorielle de la substance »[2]. Mais, alors que la relation est comprise par Kant à partir la physique newtonienne, et particulièrement de la dynamique, Fichte transpose ce concept dans le monde de la communauté humaine et de la dynamique sociale. Il semble même que Fichte ait tenu à cette transposition de la substance dans la sphère des relations humaines ; nous n'en donnerons pour exemple que la défini-tion du contrat social donnée dans les *Principes de la Doctrine de la Science* : « *Originairement* il n'y a qu'une substance, le Moi : en cette unique substance sont posés tous les accidents possibles, donc toutes les réalités possibles. – Nous verrons en son endroit comment plusieurs accidents de l'unique substance, qui sont semblables en une

---

1. *Kritik der reinen Vernunft*, A 184 ; B 227 ; *CRP*, trad. GF, p. 254-255.
2. Vuillemin, *Physique et métaphysique kantiennes*, Paris, P.U.F., 1957, p. 255-275 ; p. 282 *sq*.

certaine qualité, peuvent être saisis ensemble, et même pensés comme des substances, dont les accidents sont déterminés par la différence entre elles de ces qualités qui sont juxtaposées à la qualité identique »[1].

La seconde expression, « action réciproque d'après des concepts », est reconnue par Fichte comme d'origine kantienne. En fait, là encore, Fichte transpose la notion d'« action réciproque » (*Wechselwirkung*) que Kant situait dans les catégories de la relation, au niveau de la société humaine ; on peut remarquer à ce sujet que Kant n'a jamais employé l'expression telle que Fichte la cite. Il semble que nous ayons ici la contamination de deux expressions kantiennes différentes : « action réciproque », et « causalité d'un concept par rapport à son objet », ou « causalité » d'après un concept, termes par lesquels Kant définit la finalité[2]. Le fait d'évoquer la finalité n'a rien d'étonnant dans notre texte puisque la société est « un groupement en vue d'une fin ».

LA LIBERTÉ

C'est maintenant à partir de la solution trouvée au problème de la reconnaissance d'autrui que Fichte va esquisser une théorie de la liberté et de la société qui demande à être expliquée.

Reconnaître autrui, c'est reconnaître une action libre qui n'est pas mon action libre ; et l'influence apparaît comme le seul mode d'action réciproque entre libertés différentes. Pour

---

1. *Cf.* trad. Philonenko, p. 53, note (n) ; *S. W.*, I, 142 ; *G. A.*, I, 2, 300.
2. *Kritik der Urtheilskraft*, § 10 et 62 ; *CFJ*, p. 63 et p. 183-186.

bien comprendre la pensée de Fichte, nous allons donc regrouper ce qu'il dit de la liberté dans les deuxième et troisième conférences, en faisant apparaître par là les thèmes des rapports de la liberté à la nature, et de la liberté à la loi morale.

«La liberté en soi», dit Fichte, «est le dernier principe d'explication [*Erklärungsgrund*] de toute conscience, et ne peut par conséquent pas appartenir au domaine de la conscience»[1]. Cependant, pour nous il n'y a de liberté qu'individuelle et, si nous parlons de liberté, c'est toujours d'une liberté particulière. D'où vient cette particularité? Précisant ce qu'il a dit du Moi empirique, Fichte affirme clairement: elle vient de la nature; «C'est ce mode d'action différencié de la nature qui détermine les individus et ce que nous appelons leur nature individuelle, empirique et particulière.»[2] Et Fichte a sur ce sujet une expression plus frappante encore quand il dit que notre individualité vient de «la faute que la nature a commise»[3]. Ces affirmations étranges s'expliquent ainsi: la nature, ou le Non-Moi, a pour caractéristique la diversité; elle agit donc de diverses manières sur chaque être raisonnable et libre, et en fait ainsi un individu différent de tous les autres, du point de vue physique comme du point de vue moral.

L'action de la nature sur chacun consiste dans l'éveil et la formation de certaines tendances de l'homme au détriment d'autres tendances. Le problème des rapports liberté-nature va se centrer sur la notion de tendance, à laquelle Fichte a donné

1. *S. W.*, VI, 305; *G. A.*, I, 3, 36; cf. *System der Sittenlehre, S. W.*, IV, 75; *G. A.*, I, 5, 82: «La liberté est un principe théorique».
2. *S. W.*, VI, 314; *G. A.*, I, 3, 43.
3. *S. W.*, VI, 315; *G. A.*, I, 3, 44.

un sens très précis, alors que le mot *Trieb* avait un sens vague et large à l'époque, allant de l'instinct le plus élémentaire à la tendance la plus civilisée. D'après les différentes expressions de Fichte, qui avoue lui-même recourir sur ce point à des propositions tirées de la Doctrine de la Science, la tendance apparaît comme le moyen dont dispose la liberté pour agir sur la nature humaine[1]. Bien que nous ne trouvions pas dans le texte des conférences un recensement des différentes tendances naturelles à l'homme, et que Fichte se préoccupe presqu'exclusivement de la tendance à la sociabilité, sa pensée sur le problème de la tendance en général apparaît clairement au début de la troisième leçon : « Le principe fondamental de toutes les tendances est dans notre être ; mais pas autrement que comme principe fondamental. Il faut que chaque tendance soit *éveillée* par l'expérience, si elle doit parvenir à la conscience ; et qu'elle soit développée par de fréquentes expériences du même genre, si elle doit se changer en *inclination* et si la satisfaction de cette tendance doit devenir une *exigence* »[2]. La situation propre et le procès de la tendance apparaissent dans la façon même dont elle s'articule sur les notions de Non-Moi en général, de conscience empirique, d'inclination et de besoin. La tendance est une pure virtualité dont l'effectuation ne peut avoir lieu que par ce que Fichte appelle « la libre action de la Nature »[3]; mais si le Non-Moi est indispensable à l'épanouis-

---

1. *S. W.*, VI, 316; *G. A.*, I, 3, 45, « ... hat die Vernunft durch jene Triebe schon selbst gesorgt »; *S. W.*, VI, 317; *G. A.*, I, 3, 46: « ... Modifikation des gesellschaftlichen Triebes durch einen neuen Akt der Freiheit. »

Sur la façon dont Fichte a modifié le sens usuel des mots *Streben, Trieb, Gefühl* et *Sehnen, cf.* Ayrault, *La genèse du romantisme..., op. cit.*, t. I, p. 226 *sq.*

2. *S. W.*, VI, 313; *G. A.*, I, 3, 43.

3. *S. W.*, VI, 314; *G. A.*, I, 3, 44.

sement des tendances, la façon même dont il est indispensable permet à la liberté d'influer sur les tendances. C'est alors qu'apparaît la notion de *Bedürfnis* qui, au sens purement naturel, peut n'être que besoin, mais que la liberté peut transmuer en exigence. Ainsi en est-il en particulier de la tendance à la sociabilité.

La pensée de Fichte sur la notion de tendance est allée se précisant dans les *Principes du Droit Naturel* et dans le *Système de l'Éthique*; dans le premier texte, l'auteur montre comment le corps propre (*eigenes Leib*) nous fait transformer le système des tendances qu'est l'être humain naturel en un instrument de la liberté, ce qui détermine à la fois la réalité et l'application du droit[1]. Mais c'est dans le *Système de l'Éthique* que l'articulation de la liberté et de la finalité sur la tendance apparaît le plus clairement. Fichte écrit : le « principe de l'accord des phénomènes avec notre volonté est l'accord de notre volonté avec notre nature. Ce à quoi notre nature nous fait tendre est en notre pouvoir, mais non ce à quoi elle ne nous fait pas tendre »[2]. Commentant ces textes, M. Vuillemin écrit : « Le rapport de la tendance à son concept va constituer l'harmonie de la nature et de la liberté : c'est la liberté qui pose pour soi la nature »[3]. Et c'est la tendance qui permet au vouloir de passer de la passivité à l'activité, de l'être-déterminé au déterminer; du même coup la tendance reçoit son véritable statut et Fichte peut parler de la tendance absolue. L'homme parvient à la conscience de son propre être et il aperçoit que, comme l'écrit M. Gueroult à ce sujet : « Ma tendance comme être naturel et

1. *S. W.*, III, 83-84; *G. A.*, I, 3, 382-383.

2. *S. W.*, IV, 74; *G. A.*, I, 5, 82.

3. J. Vuillemin, *L'héritage kantien et la révolution copernicienne, op. cit.*, p. 106.

ma tendance comme esprit sont en moi une seule et même tendance originaire [*Urtrieb*] vue de deux côtés différents; et cette manifestation sous deux aspects divers est précisément le fait de l'Égoïté »[1].

On n'a pas suffisamment remarqué l'importance de cette notion dès les premières œuvres de Fichte. Sur ce sujet, la réflexion fichtéenne semble effectuer un net revirement entre les deux éditions de la *Critique de toute Révélation*; dans la première, parue sans nom d'auteur et attribuée à Kant, la pensée de Fichte reste scrupuleusement fidèle à celle du maître : la notion de tendance, évoquée dans une note du § 2, apparaît surtout pour montrer que dans l'homme la nature ne peut être entièrement soumise à la loi morale, puisque la satisfaction des tendances dépend en dernier recours des lois naturelles; la tendance est donc ce qui empêche l'homme d'être Dieu, c'est-à-dire le seul être où la moralité règne absolument. Dans la seconde édition, parue pour la foire du Jubilé 1793 à Königsberg, un peu plus d'un an après la première, et cette fois avec nom d'auteur, Fichte s'exprime avec beaucoup plus de hardiesse. Au § 2, intitulé « Théorie de la volonté, comme préliminaire à une déduction de la religion en général », il écrit : « La représentation ne doit certes pas déterminer dans quel cas le sujet se comporterait d'une façon simplement passive, – *serait* déterminé, mais non se *déterminerait* – c'est au contraire *nous* qui devons nous déterminer par la représentation, lequel « par » (pour ainsi parler) sera totalement clair. Il faut assurément qu'il y ait un *Medium*, qui soit déterminable, d'un côté par la représentation, vis-à-vis de

1. M. Gueroult, *L'Évolution et la Structure de la Doctrine de la Science*, *op. cit.*, t. I, p. 313.

laquelle le sujet se comporte d'une façon simplement passive, de l'autre côté par la spontanéité, dont la conscience est le caractère exclusif de toute volonté ; et ce *Medium*, nous l'appelons *la tendance*. » La tendance apparaît donc dès 1793 comme la clé des rapports entre la liberté et la nature. Dans les conférences sur la *Destination du Savant*, nous ne prendrons pour témoin de l'importance de cette notion que ces quelques lignes où Fichte montre que l'épanouissement de la volonté ne peut se faire sans la nature qui éveille nos tendances, et ne peut se faire sans transformer notre nature et nos tendances : « avant que nous puissions nous opposer par la liberté à l'influence de la nature sur nous, il faut que nous soyons parvenus à la conscience et à l'usage de cette liberté ; or nous ne pouvons y parvenir que par cet éveil et ce développement de nos tendances, ce qui ne dépend pas de nous »[1].

Les rapports de la liberté à la loi morale dépendent pour une part de ceux de la liberté et de la nature. En effet la nature est la cause de l'individualité et la conception de Fichte va être dominée par la dissociation entre ce que la loi morale universelle prescrit et ce qu'elle tolère : il y a en effet un domaine où la loi est impérative ; mais, en tant que loi, elle ne tient pas compte des déterminations individuelles, et il y a un autre domaine, où « je suis sur le terrain de la libre décision » [*der freien Willkür*] par exemple le choix d'une position dans la société[2]. Nous avons là ce que M. Gurvitch a appelé le passage à l'éthique concrète dont les philosophes allemands ont

1. *G. A.*, I, I, 135-136 ; ce texte important de la seconde édition n'ayant pas été retenu dans l'édition J.-H. Fichte n'a été édité nulle part ailleurs. Texte suivant : *S. W.*, VI, 313 ; *G. A.*, I, 3, 43.
2. *S. W.*, VI, 319 ; *G. A.*, I, 3, 47.

beaucoup tiré. Pour Fichte, la loi morale ne saurait suffire à déterminer toute la vie morale de l'homme.

Remarquons d'abord que la formulation de la loi morale que rappelle Fichte en passant, n'est pas celle de Kant : « Agis de telle façon que tu puisses penser la maxime de ta volonté comme loi éternelle pour toi »[1]. La différence capitale est qu'il ne s'agit plus tant de concevoir la loi comme valable pour tous que de la concevoir comme éternelle et en rapport à soi-même. Mais bien qu'elle soit « pour moi », la loi est identifiée à une volonté valant éternellement, ce qui fait qu'elle ne saurait envisager les conditions spatio-temporelles dans lesquelles se trouve l'individu. En tant que loi, elle est nécessairement formelle, et Fichte, à la différence de Kant, estime que le formalisme n'épuise pas la réflexion morale, s'il est vrai que celle-ci doit être systématique, c'est-à-dire permettre la constitution d'un savoir exhaustif de l'homme.

Le rapport de la liberté à la loi morale semblerait donc un rapport d'exclusion : ou je suis contraint par la loi, ou je suis libre de choisir ; ou le commandement absolu de la loi, ou le libre choix. Or ceci contredit manifestement l'idée que la liberté soit le dernier principe d'explication de la conscience. Le recours au texte de la *Contribution...* permet de dissiper cette équivoque. « Tant que c'est seulement au regard de la loi morale qu'on envisage la société la plus vaste, l'humanité entière, ou si l'on veut, le règne des esprits, il faut la considérer comme un individu. La loi est la même, et dans son domaine, il n'y a qu'un individu. Il ne commence à y avoir plusieurs individus que quand on passe dans le champ du libre-arbitre »[2].

---

1. *S. W.*, VI, 297 ; *G. A.*, I, 3, 30.
2. *S. W.*, VI, 109 ; *G. A.*, I, 1, 258-259 ; cf. *S. W.*, VI, 60.

Et cette opposition entre la loi morale universelle et l'individualité du libre choix est ce que Lask a appelé l'abandon de l'universalisme métaphysique, abandon qu'il situe, à tort semble-t-il, dans une phase ultérieure du développement de la pensée de Fichte[1]. En fait, ceci néglige une distinction importante que Fichte indique en note dans la *Contribution*, et sur laquelle il ne revient pas dans la *Destination du Savant*, la supposant admise par tous :

> Je distingue trois sortes de liberté : la liberté transcendantale, qui est la même chez tous les êtres doués de raison ; c'est la faculté d'être cause première indépendante ; la liberté cosmologique, l'état dans lequel on ne dépend effectivement de rien en dehors de soi – aucun esprit ne la possède sauf l'esprit infini, mais elle est le but dernier de la culture de tous les esprits finis ; la liberté politique, le droit de ne reconnaître aucune loi autre que celle qu'on s'est donnée soi-même. Elle doit être dans tout État[2].

L'ambiguïté que nous avons signalée disparaît donc si l'on voit que seule la liberté transcendantale est principe d'explication de la conscience ; tandis que le libre-arbitre fait partie de la liberté politique ou liberté de l'homme qui vit dans la société.

Le rapport de la loi morale à la liberté, que Kant avait défini comme celui de la *ratio cognoscendi* à la *ratio essendi*, reste donc valable aux yeux de Fichte. Mais il est insuffisant, s'il est vrai que le formalisme n'est pas toute la morale. Dès lors le philosophe doit s'intéresser aux différents rôles sociaux des individus. Ce changement est important dans la mesure où il

1. E. Lask, *Werke*, I, *op. cit.*, p. 206-207 ; p. 272 *et passim*.
2. *G. A.*, I, 1, 252-253, note.

montre que c'est dans la société que la liberté et l'individualité trouvent leur juste expression.

LA SOCIÉTÉ

Si la tendance ne suffit pas à résoudre le problème de la liberté, c'est qu'elle ne nous place pas dans le monde de l'individualité qui est en même temps le monde de l'intersubjectivité. Il n'y a de liberté pour nous qu'individuelle, avons-nous dit; or le concept de l'individu est un « concept réciproque », ce qui signifie qu'on ne peut penser l'individualité sans concevoir une pluralité d'individus. Il ne faut donc pas perdre de vue que tout ce que Fichte dit de la liberté doit être placé en regard de « l'action réciproque d'après des concepts », c'est-à-dire de la société. Comme le dit J. Vuillemin : « La pluralité est la vérité originaire du vouloir »[1].

Il apparaît du même coup que, chose surprenante pour le lecteur du XXᵉ siècle qui s'est frotté de sociologie, la société ne se définit pas autrement pour Fichte que par cette action interindividuelle de liberté à liberté. En effet la définition formelle de la société est « une action réciproque d'après des concepts », « une communauté en vue d'une fin ». Fichte ajoute : « le concept de société est maintenant entièrement déterminé »[2]. La reconnaissance d'autrui suffit donc à nous faire passer au concept de société, la société elle-même n'étant pas autre chose que la somme des individus, et non la totalité des individus, la seule totalité étant l'idée d'*Ueberein-*

1. J. Vuillemin, *L'héritage kantien et la révolution copernicienne*, *op. cit.*, p. 104.
2. *S. W.*, VI, 306 ; *G. A.*, I, 3, 37.

stimmung. Il est important de noter que cette définition de la société n'est ni sociologique, ni politique; dès lors il n'est pas question ni de conscience sociale, ni de contrat social. Nous verrons à propos de la philosophie de l'histoire et de la critique de Rousseau ce qu'il en est de ces problèmes aux yeux de Fichte. Mais, au niveau d'analyse auquel il se place dans la seconde et la troisième conférence, il est clair qu'il n'a pas voulu aborder les implications de la question, mais au contraire en rester au point de vue des fondements.

« Le mot société est source d'une fâcheuse équivoque. On l'emploie d'une façon équivalente tantôt comme désignant des hommes unis par un contrat en général, tantôt comme désignant des hommes unis par un contrat particulier, le contrat social, c'est-à-dire l'État. »[1], écrit Fichte dans la *Contribution*, et sur ce point il insiste à nouveau dans la seconde conférence : « Vous voyez, messieurs, combien il est important de ne pas confondre la société en général avec l'espèce particulière de société empiriquement conditionnée que l'on nomme État. » L'essentiel est donc de comprendre que le concept de société peut être déterminé indépendamment des conditions sociologiques ou politiques du moment. Du point de vue des fondements, c'est la valeur pratique de ce concept qui se révèle et permet la détermination de la destination de l'homme. La société est donc au premier chef un concept moral et la vie dans la société est un devoir. Il n'y a rien là d'étonnant si l'on songe que la philosophie morale n'est pas bornée au formalisme moral, mais doit aussi dire son mot en ce qui concerne les décisions du libre-arbitre. Sur la portée morale du concept de société, Fichte s'était expliqué clairement dès la

1. *S. W.*, VI, 129 *sq.*; *G. A.*, I, 1, 276.

Contribution ... : « Je distingue dans ce mot de société deux sens principaux : il exprime d'abord une relation physique de plusieurs gens entre eux, qui ne peut être que leur rapport réciproque dans l'espace ; et ensuite une relation morale, le rapport des droits et des devoirs réciproques ». M. Vuillemin a souligné comment nous avons là le fondement du droit naturel, en ces termes : « Le vouloir comme attribution d'une sphère de droit n'est, en effet, reconnu effectivement que par le passage du Moi individuel au Toi et par la constitution de la réciprocité réelle des droits dans la loi »[1]. Nous voyons par là comment la reconnaissance d'autrui est toujours et nécessairement reconnaissance de soi. A cet égard, Hegel est fort éloigné de Fichte quand il nous montre que c'est seulement par le conflit que l'homme peut se reconnaître lui-même comme conscience en se faisant reconnaître comme tel par autrui.

La vie dans la société est une obligation pour l'homme, dit Fichte. Ce devoir se manifeste dans une tendance naturelle, la tendance à la sociabilité. Si cette tendance n'est pas satisfaite, l'homme n'est pas un « homme entier, achevé ». Elle pousse l'homme à établir des rapports de coordination avec ses semblables, et soumet l'action réciproque entre individus à une loi particulière[2]. L'individu a son idéal de l'homme, qui est en soi infini, mais qu'il conçoit d'une façon particulière, suivant le degré de culture auquel il est arrivé : la tendance à la sociabilité va pousser l'individu à vouloir que les autres

---

1. J. Vuillemin, *L'héritage kantien et la révolution copernicienne*, *op. cit.*, p. 104. Selon M. Vuillemin, l'individualité est déterminée par le passage de la finalité de la nature à la finalité de représentation ; celle-ci serait à l'origine du sentiment de la liberté, du respect qui « naît de l'apparition du néant dans l'être. »

2. *S. W.*, VI, 306 ; *G. A.*, I, 3, 37.

hommes qu'il reconnaît pour tels soient semblables à son idéal ; elle va établir « une lutte des esprits avec les esprits », qui est l'émulation et la recherche mutuelle de cet idéal. Et c'est ainsi que doivent s'instaurer des rapports de coordination entre les hommes[1]. C'est seulement à cette condition que la tendance à la sociabilité peut être fidèle à la loi générale de l'accord avec soi-même, si tant est qu'elle soit éveillée à un degré suffisant dans l'homme. Pour qu'elle puisse s'épanouir, il faut que soit cultivée chez les individus une habileté à donner et à recevoir, « à agir sur les autres en tant qu'êtres libres », et « à tirer le meilleur parti de leur action sur nous »[2].

Fichte insiste beaucoup sur ce thème : la tendance à la sociabilité se subdivise en tendance à communiquer et tendance à recevoir[3]. Il avait déjà exposé ce point de vue dans la *Demande en Restitution de la Liberté de Penser* :

> Le droit de recevoir librement tout ce qui nous est utile, est une composante de notre personnalité ; il revient à notre destination d'utiliser librement tout ce qui se présente devant nous en vue de notre culture spirituelle et morale ; sans cette condition, liberté et moralité seraient pour nous des dons inutilisables. L'une des sources les plus fécondes de notre instruction et de notre culture est la communication des esprits avec les esprits. Nous ne pouvons pas abandonner le droit de créer en puisant à cette source sans abandonner notre spiritualité, notre liberté et notre personnalité... Le caractère inaliénable de notre droit à *recevoir* rend inaliénable aussi notre droit à *donner*.

---

1. *S. W.*, VI, 308 ; *G. A.*, I, 3, 39.
2. *S. W.*, VI, 311 ; *G. A.*, I, 3, 41.
3. *S. W.*, VI, 31 ; *G. A.*, I, 3, 44 ; *cf. S. W.*, VI, 16-17.

La liberté de penser permet donc la communication entre les esprits, grâce à laquelle chaque individu peut bénéficier de la culture des autres et les faire bénéficier de la sienne; ainsi peut s'épanouir le dynamisme de la société, par une mise en commun de l'ensemble de la culture. Sur le chemin qui mène au plus haut degré de la culture, la société peut aller plus loin que ne pourrait le faire chaque individu : « C'est la *raison* qui, par le moyen de ces tendances, a déjà eu soin elle-même de la répartition égale de la culture entre les membres particuliers de la société, et c'est *elle* qui en aura soin ultérieurement… »[1]. C'est grâce à ces tendances que la raison et la liberté peuvent porter remède à l'inégalité entre individus qui devient par là-même l'occasion du progrès de la société.

Dans ce progrès chaque individu doit avoir sa place particulière, choisir sa position sociale. En effet la tendance à la sociabilité ne nous permet pas de passer de l'inégalité de fait entre les hommes (dont la nature est responsable) à l'égalité de droit (qui est l'idéal de la raison) : il y faut un intermédiaire, qui est le *Stand* (position sociale). En effet, cette position sociale est choisie librement par l'individu[2], et, dans ces conditions, elle ne dépend pas directement de la loi morale, mais d'un acte décisoire essentiel qui fonde la destination morale que doit remplir l'individu dans la société. L'inégalité de culture ne justifie pas plus que des différences de caractère entre les hommes; c'est l'inégalité des rôles sociaux qui est la justification morale de l'inégalité entre les hommes. C'est en

1. *S. W.*, VI, 316; *G. A.*, I, 3, 45. *Cf.* A. Philonenko, *Théorie et Praxis dans la pensée morale et politique de Kant et de Fichte en 1793*, Paris, Vrin, 1976, derniers chapitres, où se trouve éclaircie la notion d'intégration des différences dans la société.

2. *S. W.*, VI, 312, 317; *G. A.*, I, 3, 42, 45.

effet seulement en prenant une position sociale particulière que l'homme peut atteindre sa destination propre. Le problème est fondamental pour Fichte qui écrit dans le *Système de l'Éthique* : « *Nous* pouvons prendre pied avec sécurité sur ce fondement et nous devons énoncer comme principe de l'éthique ceci : *Remplis à chaque moment ta destination...* La possibilité de remplir sa destination *de chaque moment* d'une façon particulière et dans le temps, est bien entendu fondée grâce à la nature même, et donnée en elle »[1]. L'individu qui embrasse une position sociale déterminée décide de remplir sa destination de chaque moment en cultivant plus particulièrement telle ou telle aptitude de sa nature[2]. Son choix est le fait d'une règle de prudence (règle qui pour Fichte fait partie de la morale intégrale) qui lui recommande d'« acquitter sa dette envers la société » en s'efforçant « d'accroître d'une façon quelconque la perfection de l'humanité qui a tant fait pour lui »[3].

Les problèmes soulevés par une telle analyse sont délicats et méritent d'être soulignés. Le plus important est le suivant : comment pouvons-nous nous représenter concrètement la société envisagée par Fichte ? On sait que la pensée sociale de Fichte avait paru révolutionnaire. Il nous semble que nous pouvons retrouver cet aspect, quoique non explicite, dans la transformation opérée par l'auteur sur la notion de *Stand*. Dans la *Contribution...*, il employait ce mot pour renvoyer aux différents ordres de la société hiérarchique et cloisonnée du type traditionnel du Moyen Age au XVIIIe siècle : « Est-il utile »,

1. *S. W.*, IV, 150-151 ; *G. A.*, I, 5, 1, 41-142.
2. *S. W.*, VI, 318 ; *G. A.*, I, 3, 46.
3. *S. W.*, VI, 319 ; *G. A.*, I, 3, 47 ; ; *cf.* IV, 325-365.

demandait-il, « que certains ordres [Stände] soient éminemment honorés dans l'État, et surtout que la naissance détermine ces ordres ? »[1]. Or, du point de vue moral, cette société de subordination nie les rapports de coordination qui devraient exister entre les hommes. Dans la troisième conférence, le mot *Stand* est considéré comme actif et non passif ; Fichte insiste à deux reprises sur cette valeur : « le mot *Stand* fait d'emblée saisir qu'il devrait désigner quelque chose d'instauré et d'ordonné par un libre choix d'après le concept d'une fin »[2] ; et plus loin, « si seulement une position sociale doit être quelque chose de choisi par libre décision de la volonté, comme cela doit pourtant bien être d'après l'usage de la langue ». Il semblerait que Fichte s'abrite derrière le témoignage de la langue allemande (dont nous n'avons pas d'équivalent exacte en français) pour affirmer en quoi la société dans laquelle il vit lui semble contredire la moralité. Toutefois il ne faut pas chercher dans ce texte une image de la société dans laquelle il vit, comme Fichte l'a souligné dès le début. C'est seulement dans l'*État commercial fermé* de 1801 qu'il faut chercher cette image, quand Fichte étudie le rapport de l'État rationnel à l'État réel. Une seconde difficulté apparaît ensuite : comment la société peut-elle être organisée d'une façon cohérente, tout en permettant à chacun de choisir librement sa position sociale ? Il est significatif que Fichte ne se pose même pas le problème qui est sans doute à ses yeux un faux problème. En effet l'individu qui choisit sa position sociale la choisit en fonction de la nature qui a développé plus ou moins telle ou telle de ses tendances, et en fonction de la société déterminée

1. *S. W.*, VI, 221 ; *G. A.*, I, 1, 352 ; cf. *S. W.*, VI, 238 ; *G. A.*, I, 1, 366.
2. *S. W.*, VI, 312 ; *G. A.*, I, 3, 42 ; *S. W.*, VI, 318 ; *G. A.*, I, 3, 46.

dans laquelle il vit. L'illusion serait de voir dans le choix d'une position sociale une décision de pur caprice, issue d'une liberté désincarnée qui voudrait trancher dans l'abstrait au milieu d'un océan de purs possibles. C'est seulement dans cette hypothèse-là que le libre choix d'une position sociale pourrait contredire l'organisation sociale que Fichte ne renie pas[1].

Si la société concrète n'est pas envisagée par Fichte, en revanche l'idéal de la société nous est présenté d'une façon saisissante : c'est l'égalité entre tous les hommes, c'est-à-dire la perfection de l'accord avec soi-même dont la portée morale n'a pas de valeur uniquement individuelle. « Si tous les hommes pouvaient devenir parfaits, ils pourraient atteindre leur fin suprême et ultime, ils seraient tous entièrement identiques entre eux »[2]. Comme il l'écrivait dans la phrase restée célèbre du discours *Sur la Dignité de l'Homme* : « Tous les individus sont enfermés dans la seule et vaste unité de l'esprit pur »[3]. Ce point de vue qui semble nier toute immortalité personnelle aux individus pouvait être interprété dans un sens spinoziste. Fichte a protesté avec véhémence : « Même sans connaître mon système, il est impossible de tenir ces pensées pour spinozistes, si l'on veut seulement considérer le procès de cette considération en entier. L'unité du pur esprit est pour moi un inaccessible Idéal, fin dernière, qui n'est jamais réel ». Dans le *Système de l'Éthique* où il dresse un tableau de la communion des saints (en l'occurrence des savants), Fichte revient sur ce thème : « Si l'on présuppose un tel accord entre les hommes, la différence entre un public savant et un public non savant

1. *S. W.*, VI, 320 ; *G. A.*, I, 3, 48.
2. *S. W.*, VI, 310 ; *G. A.*, I, 3, 40.
3. *S. W.*, I, 416 ; *G. A.*, I, 2, 89.

disparaît. Église et État disparaissent... Nous ne sommes pas nous-mêmes notre propre fin dernière, mais tous le sont... Dès maintenant, c'est ainsi, mais seulement en Idée[1] ». Cet idéal de la société n'est pas à proprement parler utopique dans la mesure où il ne prétend pas être une société idéale ; on peut seulement y voir une manifestation de ce qu'on a appelé le « Pathos de l'universel » chez Fichte. Mais les interprètes de ces textes ont justement souligné également comment cet idéal est l'aboutissant logique des conceptions préalables de Fichte[2].

1. *S. W.*, IV, 253 (fin du § 18) ; *G. A.*, I, 5, 226-227.
2. *Cf.* M. Gueroult, *L'Évolution et la Structure de la Doctrine de la Science, op. cit.*, I, p. 337-338 ; J. Vuillemin, *L'héritage kantien et la révolution copernicienne, op. cit.*, p. 109-110 ; A. Philonenko, *La Liberté humaine dans la philosophie de Fichte, op. cit.,* p. 40-47.

CHAPITRE III

INFLUENCES ET CONVERGENCES,
PLATON, ROUSSEAU ET FICHTE

Dans ses *Recherches fichtéennes*, Max Wundt remarque que toutes les influences étrangères sont très difficiles à déceler dans l'œuvre de Fichte, car celui-ci n'utilise les œuvres d'autrui qu'après une longue élaboration créatrice[1]. Ainsi dans nos conférences, l'influence de Platon et de Rousseau ne peut pas être démêlée de ce qui vient en propre de Fichte. Il reste que, malgré l'originalité indéniable de ce texte, les influences subies sont indubitables. A propos de Rousseau, nous savons par des lettres de Fichte qu'il l'avait lu très attentivement, ce qu'atteste d'ailleurs la *Demande en Restitution de la Liberté de Penser*[2] ; il ne faut pas se laisser tromper par le caractère un peu vague de la discussion des positions de Rousseau dans la cinquième conférence, mais au contraire essayer de cerner dans l'ensemble des conférences les convergences et les

---

1. Max Wundt, *Fichte Forschungen*, Stuttgart, F. Fromann, 1929, p. 347 *sq.*
2. *Cf.* X. Léon, *Fichte et son temps, op. cit.*, t. I, p. 131-134.

divergences entre les deux auteurs, de façon à pouvoir faire une confrontation de totalité à totalité. Au sujet de Platon, Max Wundt dit que Fichte aurait pris connaissance des *Lettres* et des *Lois* à Zurich en 1793, et que l'influence de ces œuvres se serait manifestée de plus en plus fortement jusqu'à l'*État commercial fermé* (1801), avec le thème du philosophe-roi; dans une seconde période, Fichte transposerait dans sa philosophie la théorie des Idées; enfin la *Doctrine de l'État* de 1813 respirerait, quoi qu'en dise Fichte, le «plus pur esprit platonicien»[1]. Malheureusement, une classification aussi ambitieuse ne repose sur aucun document écrit de Fichte lui-même, et nous ne savons même pas de quelle manière il a pu lire Platon. Selon toute vraisemblance, du moins jusqu'aux traductions de Schleiermacher et aux commentaires des frères Schlegel, Fichte ne connaissait Platon que superficiellement, c'est-à-dire conformément à l'enseignement reçu à cette époque en matière de philosophie antique; les exigences de méthode en histoire de la philosophie ne ressemblaient en rien à ce qu'elles sont devenues aujourd'hui. C'est donc plus une convergence entre Fichte et Platon qu'une influence qu'il faut étudier.

LE PLATONISME DE FICHTE

C'est le problème politique qui a rapproché Fichte de la pensée platonicienne, comme nous le montre la lettre à Kant du 2 avril 1793. La convergence des deux pensées est donc, d'une façon plus précise, celle de la pensée sociale de Fichte avec la *République* de Platon. Cette convergence est singulièrement

---

1. Max Wundt, *Fichte Forschungen*, *op. cit.*, p. 347.

favorisée par le fait que, dans la *Destination du Savant*, comme dans la *République*, la distinction entre un niveau moral et un niveau politique n'est pas faite : chez Platon, pour l'excellente raison que c'est seulement Aristote qui dissociera les deux domaines et que toute la réflexion platonicienne est en son fond politique ; chez Fichte, parce que, comme nous l'avons montré, il ne s'agit que d'étudier les conditions de possibilité d'une morale et d'une politique rigoureusement déduites du principe, sans entrer dans le détail de chacune.

Une première convergence est celle du parallèle établi entre la société avec ses différentes catégories d'hommes, et l'individu avec ses différentes fonctions. Dans une page célèbre de la *République* (368 D-369 A), Platon explique comment la justice peut être examinée plus facilement dans la société que dans l'individu, de même qu'il est plus facile de lire de grandes lettres que de petites lettres ; et Platon poursuit ce parallèle dans le mythe des trois races (415 A-D) et la division des trois parties de l'âme (435 A-445 B), disant pour conclure : « nous sommes en droit de convenir que ces mêmes catégories qui sont dans l'État existent, identiques, à l'intérieur de l'âme de chaque individu, et en nombre égal »[1]. Bien comprises, ces analyses de Platon si originales, sont très proches du parallèle établi par Fichte entre la destination de l'individu et la destination de la société, à la fin des deux premières conférences. Pas plus chez Fichte que chez Platon il ne s'agit d'une analogie superficielle. On pourrait ainsi appliquer à Fichte ce que J. Moreau écrit en commentant la page citée de Platon : « le problème pratique, celui de l'usage à faire de nos diverses activités, celui de leur destination définitive et de leur

1. Platon, *Œuvres complètes*, trad. L. Robin, Paris, Gallimard, 1940, t. I, p. 1011.

organisation totale, se pose également pour l'individu et dans la société; la même dialectique de l'activité s'exprime sur le plan individuel et sur le plan social »[1]. Comme le dit Fichte au début de la quatrième conférence chaque individu doit choisir de cultiver plus particulièrement telle ou telle de ses dispositions, et de laisser les autres rameaux de la culture aux autres membres de la société. Nous avons bien là une dialectique de l'activité individuelle et sociale. Mais Fichte ne va pas aussi loin que Platon dans les détails; il ne fait qu'indiquer le projet éminemment platonicien en soi d'un « dénombrement exhaustif de toutes les dispositions et de tous les besoins naturels de l'homme » qui permettrait de fonder une « hiérarchie des différentes positions sociales »[2]. Et Platon avait écrit, vingt-deux siècles auparavant : « parmi les fonctions qui intéressent l'État, une seule devrait être la tâche individuelle d'un seul homme, celle à laquelle sa nature le prédisposerait le mieux originairement. » (433 A). Chez Fichte comme chez Platon, la dialectique de l'activité s'exprime par une correspondance entre la fonction sociale et une certaine disposition des facultés de l'individu. Suivant la hiérarchie existant entre les trois fonctions de son âme, l'individu aura telle ou telle place dans la Cité, dit Platon, et le tableau qu'il brosse est à ses yeux exhaustif. Chez Fichte, le dénombrement exhaustif est réservé à la *Doctrine de l'Éthique.* Mais le principe est le même, à savoir que l'on peut attribuer une fonction à chacun dans la société à partir des dispositions individuelles.

Si l'on veut examiner cette convergence avec plus de soin, on s'aperçoit que les notions de *Stand* et d'*Uebereinstimmung*

1. J. Moreau, *La construction de l'idéalisme platonicien*, Hildesheim, G. Olms, 1967, p. 209.

2. *S. W.*, VI, 324-325; *G. A.*, I, 3, 51.

sont assez proches du platonisme authentique. Nous avons vu que le *Stand* qui définit l'homme désigne avant tout une forme d'activité dont le rôle essentiel est de servir la société. De même chez Platon, l'individu est défini non par ce qu'il possède dans la Cité, mais par ce qu'il y fait. Platon emploie à ce sujet le terme technique σχῆμα, par lequel il montre qu'il attache plus d'importance à la dynamique sociale qu'à la statique sociale dans laquelle seule intervient la propriété. Du point de vue de l'âme individuelle, Platon, comme Fichte, attache une grande importance au primat de la fonction sur l'organe ; et du point de vue de la cité, il valorise la profession comme mode d'activité codifié et la place au-dessus de la propriété. Cette convergence s'explique aisément si l'on songe que c'est en vue de la société entière que chaque homme choisit son rôle social : nous instituons nos gardiens en vue du bonheur de la cité toute entière, dit Socrate (421 B) ; et Fichte privilégie l'homme qui choisit son *Stand* de façon à faire progresser la société. Il faut cependant noter que l'analyse de Platon est plus complexe, dans la mesure où il envisage deux divisions différentes dans la société, l'une qui est la division des classes correspondant à la division des *Stände* chez Fichte, fondée sur l'éducation, et l'autre qui est la division du travail entre les différents artisans, fondée sur des nécessités économiques et professionnelles. Si l'on met à part ce fait, il apparaît claire-ment que la convergence de Fichte et de Platon se fait sur une conception qui leur est originale ; en effet, à l'inverse de Rousseau, l'un et l'autre justifient de la même façon l'inégalité des fonctions sociales ; à l'inverse de Hegel, qui instituera la propriété comme médiation nécessaire entre la morale implicitement contenue dans le droit abstrait et la moralité proprement dite, Platon et Fichte sont d'accord pour refuser à la propriété le rôle d'étape nécessaire dans la réalisation de la moralité dans les rapports entre les hommes, et pour établir un lien immédiat entre la réalisation personnelle de l'individu dans sa fonction et la bonne organisation collective de la société.

Une nouvelle convergence peut être cernée dans l'*Uebereinstimmung* de Fichte et la δικαιοσύνη de Platon. Si l'on distingue bien, dans le texte de Platon, la δικαιοσύνη de la σωφροσύνη, il apparaît que cette dernière est un « arrangement ordonné », qui fait que le meilleur triomphe du pire, tandis que la justice est une vertu radicalement différente des autres ; elle est le principe d'existence et la sauvegarde des trois autres vertus, tempérance, courage et sagesse (433 B). C'est donc dans l'organisation et l'harmonie qu'elle institue, que la justice a son caractère propre. Cette fonction d'harmonisation en fait une charnière entre le point de vue individuel et le point de vue de la Cité : c'est ce qui justifie ce que disait Socrate au livre II (368 E) : « La justice, pour exister dans l'individu, existe aussi dans le groupe social ». L'essence de la justice selon Platon ne semble donc pas différente de l'*Uebereinstimmung* invoquée par Fichte tant sur le plan individuel que sur le plan social. Cette harmonie qui existe en Idée est exactement conforme à l'interprétation kantienne de Platon donnée par l'école de Marbourg. Mais par-delà même l'interprétation de cette école, dont Kant lui-même avait posé quelques jalons, l'harmonie dont parle Fichte est en parfait accord avec le dessein profond de Platon, s'il est vrai que pour celui-ci la justice ne peut s'établir dans l'individu qu'à la condition que l'individu vive dans une Cité juste elle-même, et capable de lui donner une éducation juste, comme pour Fichte l'individu ne peut se rapprocher de l'*Uebereinstimmung* que par le libre « donner et recevoir réciproque » qui s'instaure dans une société où règnent des rapports de coordination.

La dernière convergence que nous signalerons est celle qui a le plus frappé les commentateurs : c'est la ressemblance entre l'image et le rôle du philosophe selon Platon et selon Fichte. C'est sur ce point que se révèle le mieux l'enracinement commun de deux philosophies si éloignées en apparence. La rareté des philosophes parmi les hommes est signalée par Platon et par Fichte, mais non pas simplement comme un fait purement empirique et dû au hasard. Pour Platon, l'expérience d'Alcibiade est déterminante : Alcibiade est en effet l'exemple du naturel doué pour la philosophie et qui a été corrompu par les Sophistes et par la Cité mauvaise dans laquelle il vit ; ainsi donc « un naturel philosophe doué pourvu de tout cet ensemble de caractères que nous lui avons tout à l'heure assigné comme une condition pour qu'il s'achève enfin en un philosophe, est une plante rare et qui ne pousse que rarement » (491 B) ; il ne faut pas croire cependant que dans la cité pure le nombre des philosophes soit très élevé : « Réfléchis combien peu nombreux ils seront vraisemblablement » (503 C), dit Socrate après avoir montré quelles conditions doit remplir le vrai philosophe. La sélection opérée par l'éducation ne permet qu'à des êtres supérieurement doués d'arriver vers l'âge de cinquante ans à être de véritables philosophes (540 A-B). De même chez Fichte, « à toutes les époques, le nombre de ceux qui étaient capables de s'élever aux idées fut le moindre »[1] ; ceci tient pour une part à la difficulté de la philosophie, pour une autre part au fait qu'il n'est pas bon que la société ait trop de philosophes : « Les autres tâches doivent aussi être remplies ; et c'est pour elles qu'il y a d'autres professions [Stände] ; si celles-ci devaient consacrer leur temps aux recherches savantes, il

----

1. S. W., VI, 291 (Vorbericht) ; G. A., I, 3, 26.

faudrait aussi que les savants cessent bientôt d'être savants »[1].
L'équilibre social exige donc que les philosophes soient peu
nombreux.

Cependant, d'une façon assez paradoxale, les philosophes
sont les seuls hommes véritables, c'est-à-dire les hommes chez
qui toutes les facultés sont dans un équilibre harmonieux.
Fichte comme Platon veut discerner celui qui est vraiment
philosophe de celui qui le paraît seulement. Platon évoque
les « contrefaçons de philosophe » (485 E), par exemple les
« philodoxes », et Fichte parle des gens « qui se comptent pour
des savants »[2]. Au contraire le vrai philosophe est celui qui
tient chaque fonction de l'âme à sa place, prête à remplir sa
fonction (443 D-E); cet homme est le plus homme de tous les
hommes, et, dit Glaucon « ils sont magnifiques, Socrate, les
gouvernants dont tu viens de sculpter l'image » (540 B). De
même Fichte expose le projet de ses leçons en ces termes :
« quelle est la destination du savant – ou ce qui revient au même
comme il s'ensuivra en son temps – la destination de l'homme
le plus relevé et le plus vrai ? »[3]. Et il fait remarquer combien la
réponse à cette question l'embarrasse : « Si je découvre pour
cette position sociale une destination très honorable, très
sublime et très nettement placée au-dessus de toutes les autres
positions sociales, comment pourrai-je la mettre à jour sans
offenser la modestie, abaisser les autres positions sociales et
sembler aveuglé par ma propre obscurité ? »[4]. En fait le
philosophe étant celui qui réalise le mieux les dispositions de

1. *S. W.*, VI, 331 ; *G. A.*, I, 3, 56.
2. *Ibid.*
3. *S. W.*, VI, 294 ; *G. A.*, I, 3, 26.
4. *S. W.*, VI, 323 ; *G. A.*, I, 3, 51.

l'humanité, il a le devoir envers la société de donner le meilleur exemple possible en s'efforçant à la plus haute valeur morale[1].

La supériorité du philosophe vient de ce qu'il est conçu, chez Platon comme chez Fichte, comme savant, c'est-à-dire comme le seul homme à être amoureux de la science véritable. Platon l'indique à maintes reprises : « Ne dirons-nous pas du philosophe qu'il a envie de la science, non d'une science et pas d'une autre mais de la totalité de la science ? – Si fait. » (475 B)[2]. Et Platon, pour étudier la justice dans la cité et dans l'homme, passe par le « long détour » du mythe de la ligne et du mythe de la caverne, car il faut étudier ce qu'est véritablement le savoir pour comprendre qui est l'homme juste, à savoir le philosophe. De même, pour Fichte, le philosophe n'est pas le spécialiste d'une science particulière ; il est le seul « savant », c'est-à-dire celui qui passe sa vie à acquérir la connaissance des besoins de l'homme et des moyens de les satisfaire ; « ce qu'on devrait exclusivement appeler la science », c'est l'ensemble indissociable de la philosophie, la philosophie de l'histoire et l'histoire[3]. Et la philosophie doit, selon Fichte, adopter la rigueur des mathématiques[4]. La philosophie est science, chez Platon comme chez Fichte, parce qu'elle est toute entière suspendue à un unique principe ; Hegel reprochait à Fichte de vouloir tout dériver d'un principe unique, sans voir que ce projet avait été aussi celui de la dialectique platonicienne qui n'a pas de sens dans la référence à l'ἀρχή ἀνυποθέτος qu'est le Bien, principe unique et seul de son espèce, au point d'être ἐπέκεινα τῆς οὐσίας. Celui qui n'a pas

---

1. *S. W.*, VI, 333 ; *G. A.*, I, 3, 58.
2. *Cf.* Platon, *La République*, *op. cit.*, 486 D.
3. *S. W.*, VI, 326-327 ; *G. A.*, I, 3, 53.
4. Dans l'écrit-programme, *Sur le concept de la Doctrine de la Science*.

vu le Bien, qu'on ne peut apercevoir que μόγις, c'est-à-dire à la fois avec peine et à peine, n'a aucun titre à se prétendre philosophe (540 B-*in fine*). Rien d'étonnant dès lors que Platon et Fichte s'accordent à dire que tout le monde n'est pas capable d'être philosophe.

Étant *le* savant, le philosophe est nécessairement pédagogue. En effet, Platon nous dit des philosophes qu'ils ont « l'intérêt de l'État pour but » (540 B), comme Fichte affirme que « le savant est tout particulièrement déterminé pour la société »[1]. Et dans le mythe de la caverne, le prisonnier libéré qui a vu la lumière du soleil a le devoir de revenir pour instruire les autres prisonniers de ce qu'il a vu, et son rôle de pédagogue lui fait endurer de la part de ceux-ci de fort mauvais traitements (517 A-520 A). Le programme d'éducation élaboré par Platon est d'une grande ampleur. Fichte ne propose aucun programme mais il analyse la fonction pédagogique du savant en deux directions : en tant que le savant permet aux hommes d'approfondir leur sentiment de la vérité, en leur révélant cette vérité elle-même qu'ils ne peuvent pas découvrir seuls, il est le pédagogue de l'humanité ; en tant qu'il oriente celle-ci vers sa perfection idéale, il en est l'éducateur[2]. Quant aux mauvais traitements que peut subir le philosophe dans la société, Fichte en avait une expérience personnelle autant que Platon.

Enfin, le philosophe doit se préoccuper de la bonne marche de la société, c'est-à-dire être un gouvernant. Platon insiste tant sur ce thème qu'il suffit de le rappeler pour évoquer de nombreuses pages très célèbres[3] dont la première est l'affirmation, faite « sous un éclat de rire comme serait le rire d'une vague qui

1. *S. W.*, VI, 330 ; *G. A.*, I, 3, 55.
2. *S. W.*, VI, 331-332 ; *G. A.*, I, 3, 56-57.
3. *Cf.* 473 D ; 484 A ; 487 A.

éclate », que les philosophes doivent être rois, et que la justice ne peut s'établir dans la Cité qu'à cette condition. Fichte assurément n'assigne pas au philosophe un rôle d'administration et de gouvernement aussi précis que celui qui se dégage des textes de Platon. Cependant le philosophe est le seul homme capable d'envisager, dans des circonstances données, les besoins précis des hommes et les moyens pour atteindre les buts visés ; Fichte insiste beaucoup sur le fait que le philosophe doit entrer dans le cas particulier hic et nunc de la société où il vit, et s'engager dans l'action réelle, loin de s'estimer heureux dans les généralités[1]. Et si Platon a essayé de convertir le tyran de Syracuse, Denys, Fichte a tenté d'avoir une action concrète par l'intermédiaire de ses étudiants, comme il en exprime le souhait à la fin de la quatrième conférence, et d'autre part il a élaboré une théorie économique détaillée dans son *État commercial fermé.*

Si maintenant nous essayons de comparer globalement la *Destination du Savant* de Fichte à la *République* de Platon, les divergences apparaissent comme un infranchissable abîme. Du point de vue strictement politique, il apparaît que Platon estime que la cohésion de l'État peut exiger le recours à la contrainte, qu'elle soit physique ou morale. Le mythe des trois races est un exemple de contrainte morale par laquelle on évite le mécontentement de ceux qui ont un rôle inférieur dans la Cité. Et Platon justifie ainsi la contrainte : « Il n'importe pas à la loi de chercher à faire le bonheur d'une seule classe privilégiée de l'État, mais elle travaille à ce qu'il se réalise dans l'État tout entier, et ce, en établissant l'harmonie entre les citoyens tant par la persuasion que par la contrainte » (519 E). Fichte au

---

1. *S. W.*, VI, 331 ; *G. A.*, I, 3, 56-57.

contraire rappelle fortement que « le savant ne doit pas en venir à la tentation d'amener les hommes à admettre ses convictions en se servant de la contrainte… il ne doit pas non plus abuser les hommes »[1], ceci parce que comme tout homme il est soumis à la loi morale qui veut que l'homme n'utilise pas les êtres raisonnables comme moyens pour ses fins, mêmes justes, et ne doive pas « rendre un être raisonnable vertueux, sage ou heureux contre son gré »[2]. De plus, le rôle de l'État qui est bien en fait une contrainte, devra tendre à devenir de plus en plus faible ; sans céder au penchant d'accentuer l'anarchisme de Fichte, il faut souligner que le gouvernement du savant ne peut avoir lieu, selon lui, que dans une démocratie. Rien n'est plus étranger à la pensée platonicienne. Sans doute la différence du régime historique subi douloureusement par l'un et l'autre est-elle cause de cette divergence de vue.

Mais le fossé le plus large est celui qui sépare l'optimisme fichtéen confiant dans le progrès de l'humanité du pessimisme platonicien. La racine profonde de cette opposition est une conception radicalement opposée des rapports du temps et de l'éternité. La pensée de Platon dissocie radicalement le temps et l'éternité, et montre la nécessité pour le philosophe de fuir vers les Idées immuables avant de revenir au monde du temps pour le ramener le plus près possible du premier monde. De la *République* aux *Lois*, Platon n'a cessé d'affirmer que le but de la philosophie est la réorganisation de la cité temporelle, mais que pour atteindre ce but, il faut passer par le long détour du monde immuable et divin des Idées, car c'est Dieu et non pas l'homme qui est la mesure de toutes choses. Pour Fichte au contraire, l'éternité n'est autre que le but même du temps

---

1. *S. W.*, VI, 332 ; *G. A.*, I, 3, 57.
2. *S. W.*, VI, 309 ; *G. A.*, I, 3, 40.

orienté dans le sens d'un progrès que supervise le philosophe ; et Dieu n'est pas autre chose que l'accord parfait entre tous les hommes vers lequel se dirige le cours du temps. Nul sans doute n'a été plus loin que Fichte dans l'affirmation que c'est l'homme idéal qui est la mesure de toutes choses, et que le monde où nous vivons est le seul monde possible. En ce sens, on a raison de dire que Fichte est foncièrement anti-platonicien, encore que l'opposition soit plus nette encore avec le néo-platonisme de Plotin[1].

FICHTE ET ROUSSEAU

Si la convergence de certaines réflexions de Fichte avec celles de Platon présente le caractère d'une rencontre fortuite, due à un hasard significatif, le rapprochement de la pensée de Fichte et de celle de Rousseau se fonde sur le fait attesté que Fichte avait lu Rousseau, comme tous les esprits éclairés de cette époque ; en effet, comme l'a fait remarquer Bergson, Rousseau est, après Descartes, le penseur qui a causé le plus grand ébranlement dans la mentalité de son époque[2]. Il serait donc étonnant qu'une pensée aussi novatrice que celle de Fichte ne doive rien à l'auteur du *Contrat Social.* Il ne faut donc pas se laisser influencer par la cinquième leçon qui est un examen critique de la pensée de Rousseau. Une étude attentive des textes nous permet de dégager des convergences qui sont autant de signes de l'influence de Rousseau sur Fichte. Ce n'est

---

1. *Cf.* A. Philonenko, *La liberté...*, *op. cit.*, *passim.*
2. Bergson, *Écrits philosophiques,* sous la direction de F. Worms, Paris, P.U.F., 2011, p. 459 (« La philosophie française »).

qu'après ce travail qu'on peut faire ressortir les divergences entre eux.

Fichte s'accorde avec Rousseau sur la tendance à la sociabilité, qu'il décèle dans l'homme. Rousseau, dans la *Profession de Foi du Vicaire savoyard*, écrit : « l'homme est sociable par sa nature ou du moins apte à le devenir »[1] ; Fichte, de son côté, nous dit : « l'homme est destiné à la sociabilité » qui fait partie des tendances fondamentales de l'homme[2]. Sans doute le *Discours sur l'origine de l'inégalité* est-il une critique de la société telle que Rousseau la voit. Mais il ne faut pas oublier ce que Rousseau lui-même dit en note : « Quoi donc ? Faut-il détruire les sociétés, anéantir le tien et le mien, et retourner vivre dans les forêts avec les ours ? Conséquence à la manière de mes adversaires que j'aime autant prévenir que de leur laisser la honte de la tirer »[3]. Ce sont donc les adversaires de Rousseau qui voient en lui le prédicateur d'on ne sait quelle destruction de la société. En fait la pensée de Rousseau est conforme à ce qu'il dit dans sa *Lettre à Charles de Beaumont* : « L'homme est… un être social auquel il faut une morale faite pour l'humanité » ; et dans l'un des *Fragments Politiques* : « Si l'homme vivait isolé, il aurait peu d'avantages sur les animaux. C'est dans la fréquentation mutuelle que se développent les plus sublimes facultés et que se montre l'excellence de sa nature. » Ainsi donc, pour Rousseau comme pour Fichte, l'humanité véritable ne commence que dans la société.

Mais la tendance à la sociabilité n'est pas un instinct. Rousseau nous dit que la société est proposée à l'homme,

1. Pages 267-269.
2. *S. W.*, VI, 306, 315, etc. ; *G. A.*, I, 3, 35, 39, etc.
3. *Œuvres complètes*, « Bibliothèque de la Pléiade », Paris, Gallimard, 1964, t. III, p. 207 ; note i du *Discours*.

non imposée, et qu'elle ne correspond pas à une nécessité objective. Au chapitre II du *Contrat Social*, il écrit : « La plus ancienne de toutes les sociétés et la seule naturelle est celle de la famille. Encore les enfants ne restent-ils liés au père qu'aussi longtemps qu'ils ont besoin de lui pour se conserver ». De même chez Fichte, la tendance à la sociabilité est « tendance à instaurer des rapports de réciprocité entre des êtres raisonnables et libres », fondée sur la raison et la liberté ; mais elle ne donne qu'une impulsion, elle ne contraint pas. « On peut lui résister et la soumettre »[1].

En effet, ce qui distingue l'homme de l'animal, c'est la liberté. Rousseau, dans le second *Discours*, écrit à propos de l'homme : « Ce n'est donc pas tant l'entendement qui fait parmi les animaux la distinction spécifique que sa qualité d'agent libre. La nature commande à tout animal et la Bête obéit. L'homme éprouve la même impression, mais il se reconnaît libre d'acquiescer ou de résister ; et c'est surtout dans la conscience de cette liberté que se montre à nous la spiritualité de son âme : car la Physique explique en quelque manière le mécanisme des sens et la formation des idées, mais dans la puissance de vouloir ou plutôt de choisir, et dans le sentiment de cette puissance, on ne trouve que des actes purement spirituels, dont on n'explique rien par les Lois de la Mécanique »[2]. Ce texte mérite d'être cité entièrement, car, bien que Rousseau suive en cela la doctrine de Malebranche et des « petits malebranchistes », et ne soit pas particulièrement original, il a manifestement influencé Fichte qui par sa présentation nouvelle a redonné de la jeunesse à ces idées. En effet, alors que Rousseau se pose le problème traditionnel de la

1. *S. W.*, VI, 315, 317 ; *G. A.*, I, 3, 45, 46.
2. *Œuvres complètes*, III, *op. cit.*, p. 141-142.

définition de l'homme, Fichte utilise les mêmes arguments pour rechercher le critère par lequel autrui sera distingué du reste du Non-Moi. Ces arguments sont les suivants : l'opposition des lois de la nature et de la liberté, par laquelle se montre la caractéristique de l'homme comme agent libre ; le fait que la liberté de l'homme empêche la tendance à la sociabilité d'être un instinct : l'homme, étant libre, est susceptible d'un perfectionnement indéfini, alors que l'instinct le fixerait dans une société immuable.

Fichte et Rousseau s'accordent également à reconnaître la perfectibilité de la nature humaine. Selon Rousseau, c'est la « faculté de se perfectionner... qui, à l'aide des circonstances, développe successivement toutes les autres »[1], et il insiste sur le fait que « la perfectibilité, les vertus sociales et les autres facultés que l'homme Naturel avait reçues en puissance, ne pouvaient jamais se développer d'elles-mêmes, qu'elles avaient besoin pour cela du concours fortuit de plusieurs causes étrangères qui pouvaient ne jamais naître... ». Fichte indique de même comment le perfectionnement à l'infini est la destination de l'homme, et comment le concours des circonstances est nécessaire, car « il faut que ce Non-Moi agisse sur la faculté réceptive (de l'homme) que nous appelons sensibilité », et que « chaque tendance soit éveillée par l'expérience, (...) développée par de fréquentes expériences du même genre »[2]. Une divergence apparaît alors, c'est que Rousseau insiste beaucoup sur le fait que la perfectibilité est une arme à double tranchant et qu'elle peut entraîner aussi bien la perversion que le progrès ; or le temps n'a apporté selon

1. *Œuvres complètes*, III, *op. cit.*, p. 162.
2. *S. W.*, VI, 296, 313 ; *G. A.*, I, 3, 29, 43.

Rousseau que cette terrible dégénérescence dont la société actuelle est le résultat.

Non moins importante est la convergence qui rapproche nos deux auteurs sur les rapports entre les hommes et en particulier la dialectique du maître et de l'esclave. Fichte écrit avec beaucoup de force : « Nous sommes esclaves et voulons rester esclaves. Rousseau dit : beaucoup d'hommes se croient maîtres des autres alors qu'ils sont plus esclaves qu'eux; il aurait pu dire encore bien plus justement : Tout homme qui se croit maître des autres est lui-même un esclave. » Or, malgré la critique faite à Rousseau dans cette phrase, il semble que Fichte soit en plein accord avec lui. L'un et l'autre ne voient de liberté que dans les rapports de coordination entre les hommes : « La liberté consiste moins à faire sa volonté qu'à n'être pas soumis à celle d'autrui. Elle consiste encore à ne pas soumettre sa volonté à la nôtre. Quiconque est maître ne peut être libre », dit la *Huitième Lettre de la Montagne.* Rousseau et Fichte voient clairement que la liberté ne peut être que réciproque (prise en son sens politique), et que les rapports de domination entre les hommes sont nécessairement la source d'une incessante dialectique : la liberté n'existe que dans une société où l'individu reconnaît la liberté d'autrui et est lui-même reconnu comme être libre. M. Halbwachs écrit, dans son Commentaire du *Contrat Social* (I, 4) : « Le maître se croit libre tandis qu'il commande à l'esclave. Mais de deux choses l'une. Ou il commande… arbitrairement… ; il obéit donc à ses passions : il n'est pas libre. Ou il se soumet à la raison, il n'exige rien de l'esclave que celui-ci ne trouve raisonnable et qu'il n'exécuterait de lui-même, s'il n'était pas esclave : mais alors le maître n'est pas maître »[1]. Il y a la même incompatibilité entre maître et liberté qu'entre droit et force. Là est sans doute la source des développements célèbres de Hegel.

Ces convergences ne font que mieux ressortir des oppositions plus ou moins nettes. Dans l'introduction de sa troisième conférence, Fichte vise Rousseau, entre autres, quand il écrit à propos du problème de l'origine de l'inégalité parmi les hommes : « On a souvent cherché à résoudre cette question ; on est parti des principes de l'expérience, on a rhapsodiquement énuméré les buts que l'on peut atteindre grâce à une telle différence entre les hommes ». Et Fichte dissocie radicalement la question historique de la question morale qui seule l'intéresse : « peut-il y avoir été permis de conclure une telle organisation, et quel peut avoir été, de tout temps, le but de celle-ci ? »[2]. Assurément, dans le *Discours*, Rousseau pose le problème en faisant recours à l'histoire et à l'anthropologie d'une façon assez originale pour son temps ; mais c'est qu'à ses propres yeux, l'histoire et la morale ne sont aucunement distinctes. Le philosophe doit se faire historien, et, écrit-il dans sa *Préface* : « C'est dans la lente succession des choses qu'il verra la solution d'une infinité de problèmes de morale et de politique que les philosophes ne peuvent pas résoudre »[3]. Fichte, qui a tant insisté sur le rapport de la philosophie et de l'histoire[4], ne désapprouvait pas cette opinion. En réalité, le désaccord profond entre nos auteurs vient de leur conception opposée des rapports du fait au droit. Rousseau sépare le fait et le droit par un fossé infranchissable ; le second

1. J.-J. Rousseau, *Du contrat social*, Œuvres complètes, t. III, p. 101.
2. *S. W.*, VI, 313 ; *G. A.*, I, 3, 42.
3. *Œuvres complètes*, III, p. 126.
4. *S. W.*, VI, 326 ; *G. A.*, I, 3, 53.

Discours nous montre le fait et tous les désordres qu'il contient, alors que le *Contrat Social* nous montre le droit, la société telle qu'elle aurait dû être. Sans doute a-t-il raison aux yeux de Fichte d'envisager les conditions de possibilité des bonnes institutions sociales, mais il les peint comme un rêve, et montre aux hommes un idéal sans indiquer les moyens pour y parvenir. Au contraire Fichte voit dans l'histoire la lente et difficile pénétration du droit dans le fait, et le rôle du philosophe est de favoriser ce labeur.

Cette différence fondamentale rejaillit sur les conceptions du contrat social et de la volonté générale. En fait, sur la question du contrat social, Fichte a considérablement évolué de 1792 à 1796. En 1792 et 1793, dans la *Demande en Restitution de la Liberté de Penser* et la *Contribution...*, le contrat social est un contrat parmi d'autres. Dans le premier texte, le contrat ne concerne que les droits aliénables : il est le résultat de l'échange de ces droits entre citoyens ; il peut par conséquent être refusé[1]. Dans le second texte, Fichte propose un schéma dans lequel le domaine de la conscience indivi- duelle est la plus haute juridiction et englobe le domaine du droit naturel qui lui-même englobe le domaine des contrats ; et parmi ces contrats se trouve le contrat social ou contrat civil. Fichte refuse donc tout à fait la théorie du pacte social dont Rousseau faisait l'acte essentiel de la vie humaine[2]. Au contraire, dans les *Fondements du Droit Naturel*, de 1796, Fichte écrit « dans notre théorie personne ne peut apporter ni donner quoi que ce soit dans un contrat social, car personne n'a rien avant ce contrat », et il reproche à Rousseau d'avoir déclaré que chaque individu donne tout dans le contrat social,

1. *S. W.*, VI, 13 ; *G. A.*, I, 1, 174-175.
2. *S. W.*, VI, 129 ; *G. A.*, I, 1, 279.

ce qui supposerait un droit de propriété préalable à ce contrat[1]. Le problème du contrat social a donc préoccupé Fichte durant ces années ; or notre texte n'en fait pas mention. Il ne faut pas en être surpris car Fichte ne fait que poser des fondements sans s'engager dans le problème de la division du travail ni de l'organisation de la société. On ne peut donc pas du tout confronter le *Contrat Social* à la *Destination du Savant*, comme deux totalités comparables. Il n'en reste pas moins vrai que Fichte reconnaît à Rousseau un grand mérite : celui d'avoir su se dégager de l'empirisme ; et l'influence qu'il a eue témoigne en sa faveur. « Sous vos yeux », crie Fichte au défenseurs du trône et de l'autel, « l'esprit humain éveillé par Rousseau a accompli une œuvre que vous auriez déclarée être la plus impossible des impossibilités si vous aviez été capables d'en saisir l'idée ; l'esprit humain a pris la juste mesure de ses forces »[2].

Fichte ne parle pas plus de la « volonté générale » que du contrat social dans les conférences ; les raisons de ce silence sont cependant différentes dans les deux cas. Sur la volonté générale en effet, la pensée de Rousseau est fort en avance sur son époque, quand il distingue celle-ci de la volonté de tous : « Il y a souvent bien de la différence entre la volonté de tous et la volonté générale ; celle-ci ne regarde qu'à l'intérêt commun, l'autre regarde à l'intérêt privé, et ce n'est qu'une somme de volontés particulières : mais ôtez de ces mêmes volontés les plus et les moins qui s'entredétruisent, reste pour somme des différences la volonté générale », écrit-il au chapitre III du livre II du *Contrat*. Fichte ne s'élève pas à ce niveau de

1. *S. W.*, III, 204 ; *G. A.*, I, 4, 15 ; trad. A. Renaut, *op. cit.*, p. 215.
2. *S. W.*, VI, 71, 72 ; *G. A.*, I, 1, 229 ; trad. Ayrault, *Le genèse du romantisme ...*, *op. cit.*, I, p. 127 *sq.*

réflexion sociologique ; pour lui la volonté générale est un idéal inaccessible d'accord parfait entre les hommes, et résulte de la somme des volontés particulières. Le rôle de l'individu est en effet beaucoup plus marqué par Fichte que par Rousseau : cette différence est particulièrement sensible si l'on compare le rôle des individus supérieurs chez l'un et chez l'autre. Pour Rousseau, le législateur est « un homme extraordinaire » par son « génie » mais n'a aucun pouvoir, car « il n'y a que la volonté générale qui oblige les particuliers »[1]. Pour Fichte, le philosophe qui est le phare de l'humanité est seul capable de comprendre ce qui est bon pour elle et de l'influencer dans ce sens. Et le rôle de l'État comme force contraignante est critiqué par Fichte alors que Rousseau l'approuve.

Fichte fait donc figure d'individualiste politique face à la théorie du contrat social de Rousseau. Et cependant, dans sa cinquième leçon, il critique l'individualisme de Rousseau au nom de son exigence d'action politique efficace. C'est que, dans cette conférence, Fichte vise l'homme-Rousseau et non sa philosophie : sa grande critique est fondée sur le fait que la vie de Rousseau ne peut aucunement servir de modèle à l'apprenti-philosophe. Comme l'écrit M. Philonenko : « Ce n'est pas seulement au *Contrat social*, ni à l'*Émile* que Fichte a dû songer en critiquant Rousseau ; sans doute avait-il présentes à l'esprit les *Rêveries du Promeneur Solitaire.* Comment Fichte pouvait-il souscrire à l'éloge de la solitude que composa Rousseau, las du monde et des hommes ? »[2]. Ce sentiment vif de l'existence propre dont part toute la réflexion de Rousseau, cette extase qu'il essaie de recréer par la littérature, dans ses

---

1. *Contrat Social*, livre II, chap. VII.
2. A. Philonenko, *La liberté humaine dans la philosophie de Fichte*, *op. cit.*, p. 68-69.

rêveries si soigneusement composées, ce sont autant d'erreurs et de fautes aux yeux de Fichte. Sur ce point, Rousseau, par sa fuite dans l'au-delà, rejoint ce pseudo-platonisme si étranger à la pensée de Fichte.

Et la différence la plus forte entre Rousseau et Fichte tient à la philosophie de l'histoire. Pour Rousseau, l'avenir ne peut apporter que la dégradation progressive ; le seul espoir est donc d'arrêter l'histoire pour limiter autant que possible la séparation entre l'idéal et la réalité. Et Fichte fausse le point de vue de Rousseau en prétendant, comme les contemporains, que celui-ci prêche un retour à l'« état de nature ». Sans doute Fichte ne commet-il pas le contre-sens du « bon sauvage », mythe artificiellement plaqué sur la pensée de Rousseau. Cependant sa critique de l'état de nature est un peu forcée. Il reste vrai qu'un abîme sépare nos deux penseurs à ce sujet : comme le dit Fichte, « Rousseau n'est parvenu d'aucune façon aux principes de tout le savoir humain… Ce que Rousseau a de vrai se fonde sans médiation sur son sentiment »[1]. Le sentiment de Rousseau lui livre immédiatement cet état de nature ; M. Starobinski écrit : l'origine, « qui est le point le plus éloigné dans le passé, est aussi, par chance, le point de vue le plus profond dans la subjectivité de Jean-Jacques. » « L'originaire, pour lui, n'est pas le point de départ d'un jeu intellectuel, c'est une image rencontrée à la source même de l'existence consciente ; l'état de nature est d'abord une expérience vécue… »[2]. Fichte semble avoir bien senti cela : il fait la genèse psychologique des idées de Rousseau, ce qui est une manière de les dévaloriser en les présentant comme des sentiments non analysés[3]. L'état de

1. *S. W.*, VI, 337 ; *G. A.*, I, 3, 61.
2. *Œuvres complètes*, III, p. LIV.
3. *S. W.*, VI, 337-340 ; *G. A.*, I, 3, 61-64.

nature résulte de l'expérience de la solitude en même temps que de l'indignation face à la société pervertie de l'époque. L'analyse de Fichte prouve qu'il avait soigneusement lu le second *Discours*; mais il ne saisit pas bien la différence que fait Rousseau entre la réalité et l'idéal. Et c'est pourquoi il lui reproche de vouloir un retour de l'homme à l'animalité et de nier ainsi la civilisation sans laquelle pourtant il n'aurait même pas pu concevoir cette idée[1]. Rousseau n'a donc pas su se comprendre lui-même; il s'est mis dans l'erreur parce qu'il « avait de l'énergie, mais plutôt l'énergie de la souffrance que l'énergie de l'activité »[2]; il s'est abandonné à son tempérament et n'a donc pas su voir l'importance de l'effort que Fichte souligne au contraire.

C'est en effet le thème de l'effort qui oriente toute la philosophie de l'histoire de Fichte et lui donne son optimisme confiant dans l'avenir. Tout le conflit de Fichte avec Platon et Rousseau se résume au fond dans cette phrase de la cinquième conférence : « C'est *devant* nous que se place ce que Rousseau sous le nom d'état de nature et les poètes sous le vocable d'âge d'or ont situé *derrière* nous »[3].

1. *S. W.*, VI, 341 ; *G. A.*, I, 3, 64.
2. *S. W.*, VI, 344 ; *G. A.*, I, 3, 66.
3. *S. W.*, VI, 342 ; *G. A.*, I, 3, 65 ; *cf.* A. Philonenko, *La liberté...*, *op. cit.*, p. 69.

CHAPITRE IV

LA PHILOSOPHIE DE L'HISTOIRE DE FICHTE

La confrontation de Fichte avec Platon et Rousseau révèle que leur principal point de divergence tient à la philosophie de l'histoire fondée sur une conception différente du temps. Fichte, dans ses conférences, indique explicitement, sur des tons différents, comment sa philosophie est directement liée à une foi au progrès de l'humanité dont la marche en avant résume et contient en soi l'éternité. C'est peut-être sur ce point que se manifeste le mieux la modernité de Fichte et son originalité par rapport à la pensée du XVIIIe siècle. Emil Lask le soulignait fortement dans son livre, *L'Idéalisme de Fichte et l'histoire*[1]. Il ne semble pas cependant accorder l'importance qui lui revient à la première philosophie de Fichte. Aussi nous efforcerons-nous de dégager avec d'autant plus de précision la place et la fonction que Fichte donne à l'histoire dans ses conférences, le rôle qu'il assigne aux individus face à la totalité

---

1. E. Lask, *Werke*, I, p. 1-273.

historique, enfin les étapes du développement progressif de l'histoire.

LA PLACE ET LA FONCTION
DE LA PHILOSOPHIE DE L'HISTOIRE

Une lecture rapide des leçons sur la *Destination du Savant* pourrait fort bien ne retenir sur cette question qu'une foi au progrès assez naïvement affirmée, un peu comme ces sentiments immédiats et non analysés dont Fichte fait grief à Rousseau. L'apparence peut en effet nous égarer : si nous lisons la fin de la troisième conférence, nous avons l'impression d'avoir affaire plus à un orateur de grand talent qu'à un philosophe qui prétend à la froideur et à la lucidité. De fortes images nous frappent d'abord : « la grande chaîne » qui va du premier homme conscient de lui-même jusqu'à l'éternité ; le sublime de la nature, les cimes, les tempêtes, les orages qui accablent le corps de l'homme, mais au-dessus desquels s'élève le sublime plus haut encore de l'esprit humain ; enfin le thème des ruines dans lesquelles triomphe la grandeur de l'homme : « seule, ma volonté doit, avec son plan déterminé, flotter, hardie et froide, sur les ruines de l'univers… ». Assurément ces thèmes ne sont pas originaux à Fichte et évoquent le contexte historique du *Sturm und Drang*, dont les échos avaient dû traverser son enfance. Sans doute Fichte reprend-il presque textuellement les expressions de Kant à propos du sublime dynamique de la nature :

> Des pics audacieux et pour ainsi dire menaçants, d'orageux nuages qui se rassemblent dans le ciel et s'avancent avec des éclairs et des coups de tonnerre, des volcans dans toute leur violence destructrice, des ouragans porteurs de désolation…

tout cela fait paraître notre pouvoir de résister infime et insignifiant en comparaison de cette puissance naturelle[1].

La véritable originalité de Fichte est dans l'ardeur du souffle, fortement rythmé, et destiné à montrer comment la faiblesse physique de l'homme fait ressortir la puissance infinie et irrésistible de son esprit. La chaleureuse éloquence du ton est plus sensible encore si l'on a présente à l'esprit la page où Hegel critique ce texte : « Cette existence prolongée ne fait que dissimuler l'opposition dans la synthèse du temps, dont l'indigence n'est pas comblée mais rendue plus éclatante par ce simulacre de liaison avec une infinitude qui lui est absolument opposée »[2].

La froideur de Hegel pourrait nous faire croire que l'éloquence n'est ici destinée qu'à masquer une insuffisance de réflexion. Il est certain que les pages de la *Destination du Savant* consacrées à la philosophie de l'histoire ne sont pas démonstratives ; mais ceci vient seulement du fait que Fichte cherche à exhorter les étudiants à une action réfléchie, estimant que ce qui leur manque est plus du domaine de l'action que de celui de la pensée. De plus, il serait fort étonnant que Fichte se laisse aller purement et simplement à l'enthousiasme, alors que, dans sa quatrième conférence, il insiste sur l'importance de la philosophie de l'histoire. Le philosophe doit connaître les besoins des hommes, mais s'il n'a que cette connaissance, il est un être inutile tout juste bon à démoraliser ses semblables ; il faut qu'il connaisse aussi les moyens de satisfaire ces besoins. Or cette dernière connaissance ne peut pas, à la différence de la première, se fonder uniquement sur des principes purs

---

1. *Kritik der Urteilskraft*, § 28 ; *CFJ*, p. 99.
2. Hegel, *Werke*, Lasson, I, *op. cit.*, p. 55 ; trad. Méry, *op. cit.*, p. 122.

de la raison; elle occupe une place intermédiaire entre les
principes de la raison et l'expérience : c'est la philosophie de
l'histoire[1]. Cette position est à la fois indispensable et difficile :
difficile, parce que les connaissances purement historiques
sont nécessaires, mais insuffisantes, puisqu'il faut les interpréter à la lumière des principes de la raison; indispensable,
parce que le rôle du philosophe dans la société dépend tout
entier de son aptitude à la philosophie de l'histoire. C'est
seulement s'il s'y est exercé que le philosophe pourra savoir « à
quel degré précis de la culture se tient à un instant précis la
société dont on est membre, – quels degrés précis à partir de
celui-là elle peut gravir et quels moyens elle doit utiliser pour
cela ». Nous nous trouvons donc en présence d'une conception
élaborée du rôle de la philosophie de l'histoire; ceci doit nous
indiquer la nécessité d'examiner avec plus de soin les passages
même les plus exhortatifs en apparence, où Fichte expose sa
façon de voir l'avenir de l'humanité.

L'INDIVIDU DANS L'HISTOIRE

Dans le développement historique, le rôle des individus est
essentiel et sur ce point Fichte occupe une position à la fois très
originale et très malaisée. De même que la société n'est pas
conçue comme une totalité absolument au-dessus des indivi-
dualités particulières, dans la mesure où Fichte affirme à la fois
qu'elle n'est rien de plus que la somme des individus et que
cependant les individus doivent se mettre en société pour
progresser, de même à propos de l'histoire, Fichte montre à la
fois l'importance des individus supérieurs qui dominent

1. *S. W.*, VI, 326-327; *G. A.*, I, 3, 52-53.

l'histoire et l'unité du progrès historique dominant les différences entre les individus.

A la différence de Kant, Fichte affirme que le progrès individuel et le progrès collectif sont liés. Pour Kant, l'histoire est l'effectuation du concept de liberté dans la nature, par le moyen des contradictions interindividuelles; le progrès historique ne vaut que pour l'espèce humaine, non pour l'individu. Tel est le sens de la fameuse *Reflexionen n° 1392*: «Les sciences n'appartiennent pas à la destination de l'homme mais à la destination du genre humain. La destination par excellence de l'homme individuel est l'animalité, tandis que celle du genre humain est la perfection de l'entendement [*Verstandes Vollkommenheit*] en rompant cependant la première»[1]. A travers les morts des individus qui sont autant d'échecs triomphe la pérennité de l'espèce qui est en progrès : l'optimisme de l'espèce s'articule donc nécessairement sur un pessimisme de l'individu. Au contraire, Fichte qui réconciliait déjà la vertu et le bonheur dans l'individu, allie à son optimisme de l'espèce un optimisme de l'individu : «Le progrès d'un seul membre est un progrès pour tous et la régression d'un seul est régression pour tous», dit-il dans les conférences, comme il avait écrit dans la *Contribution...* «Il en est de l'humanité dans son entier comme de l'individu»[2]. En effet le progrès ne se fonde que sur l'échange de ce qu'ils ont de meilleur entre les différents individus : «perfectionnement commun, perfectionnement de nous-mêmes par l'influence librement consentie des autres sur nous : et perfectionnement des autres par influence inverse sur

---

1. Cf. *Reflexionen*, n° 1423; *Anthropologie*.
2. *S. W.*, VI, 321-322; *G. A.*, I, 3, 58-59; *S. W.*, VI, 66.

eux en tant qu'êtres libres, voilà notre destination dans la société »[1].

Le rôle des individus est plus souligné encore lorsqu'il s'agit des individus supérieurs. Ces génies sont les hommes qui focalisent en quelque sorte l'échange et l'émulation, le « libre donner et recevoir réciproque ». Comme tous les autres, leur liberté individuelle n'est en rien contrainte par le développement historique; et Fichte s'écriant «je suis un maillon nécessaire de la grande chaîne… » ne pense pas à une nécessité naturelle qui l'enchaînerait dans une marche involontaire de l'humanité; il pense à une chaîne dans laquelle chaque individu peut, de son propre gré, s'insérer en forgeant lui-même son propre maillon. Plus l'individu est intelligent et capable, plus c'est un devoir pour lui d'apporter sa contribution à l'histoire du genre humain. Fichte évoque les « bienfaiteurs de l'humanité » dont nous devons continuer l'œuvre; et il insistera toujours davantage sur la valeur extraordinaire de ces individus, dans la *Destination du Savant* de 1811 par exemple : « On peut citer quelques individus dans l'histoire qui surpassent la valeur des millions d'autres. Dans quelques-uns, extrêmement rares, la divinité s'exprime sans médiation; c'est en eux et pour eux que le monde véritablement existe »[2]. Après Fichte, Hegel soulignera l'importance de tels hommes, Richelieu, Louis XIV, Napoléon par exemple[3].

Le problème de la valeur de l'individualité apparaît ainsi comme l'une des clés de la philosophie fichtéenne de

---

1. *S. W.*, VI, 310; *G. A.*, I, 3, 40.

2. *S. W.*, XI, 192; *G. A.*, II, 12, 350.

3. *Phénoménologie de l'esprit*, trad. B. Bourgeois, Paris, Vrin, 2006, p. 552-553. *Principes de la philosophie du droit*, § 124, trad. J.-L. Vieillard-Baron, Paris, GF-Flammarion, p. 186-188.

l'histoire. Emil Lask l'avait bien vu, et il a brossé un tableau du passage de la conception de l'individualité comme concept réciproque et subalterne, à la mise au point du concept d'originalité comme « *Wert-Individualität* »[1]. « Nous devons avouer », écrit-il, « un immense progrès de Fichte sur Kant, en ce qu'il s'est dégagé des nids de formules conceptuelles et qu'il a osé pour la première fois mettre l'accent sur le fait que le tout de l'histoire représente un développement unique, propre... Les individus particuliers sont considérés comme porteurs de ce devenir ». Et Lask cite le texte des conférences sur *L'Essence du Savant* de 1805 :

> Tout homme sans exception possède, lui revenant en propre d'une façon exclusive et absolue, sa part à un être supra-sensible, part qui maintenant se développe en lui de toute éternité, – apparaissant comme une action continuée, – d'une façon telle qu'elle ne peut se développer dans absolument aucun autre ; – ce qu'on pourrait nommer en bref le caractère individuel de sa plus haute destination.

L'affirmation de la valeur unique de l'individu dans l'histoire implique que ce sont les individus supérieurs qui ont décidé du progrès de l'humanité, et que l'individu qui ne s'engage pas dans l'histoire collective n'a aucun droit à aucune valeur.

Lask poursuit son analyse en montrant à grands traits l'évolution de Fichte sur ce problème, à partir des différentes difficultés rencontrées. Fichte se trouverait « pris dans un cercle perpétuel d'impulsions opposées » car donner une valeur propre à l'individualité ne veut pas dire que le pur et simple fait d'être exactement ainsi [« *Gerade-so-sein* »]

---

1. *S. W.*, II, 86, 115, 117. Lask, *Werke*, I, p. 205-211.

implique une valeur quelconque. Sur ce point, les textes que nous avons cités à propos de la non-individualité du concept d'homme en soi sont formels. Cette pure et simple singularité appartient à tout objet réel, à toute réalité distinguable, et ne vise donc pas uniquement l'homme. «Ce n'est pas un individualisme», dit Lask, «c'est un fanatisme de la valuation [*Wertung*] que prêcherait celui qui voudrait nier que l'individualité en tant que telle désigne une sphère située au-dessous de la valeur. C'est seulement pour cette sphère que l'universalisme acosmiste a le dernier mot avec la thèse que tout individuel est également et uniformément nul.» Ce problème difficile contraint Fichte à préciser sa pensée : c'est alors qu'apparaît la scission du concept d'individualité en une individualité passagère et une individualité éternelle ; «Chaque individu», écrit Fichte, «a une double signification. Il est en partie un (être) empirique, présentation de la forme vide d'un voir. Pour une part il est semblable à tous les autres... pour une part il est quelque chose en soi, un membre de la communauté... Tant il est vrai que, si la communauté est un Tout organique composé à partir de tels individus, chaque individu aura sa part à cet être et à cette vie de l'ensemble, dans lequel aucun autre ne lui est semblable »[1]. Et, à partir de ce point de vue, s'élabore le concept d'une originalité idéale et permanente. «Le vieil accouplement de l'empirique et de l'individuel, du suprasensible et de l'universel est complètement détruit par la pensée de l'individualité supra-empirique, élaborée avec bien des difficultés», écrit Lask. Ce concept d'originalité exclut l'idée romantique d'une solitude heureuse d'être seule et s'enracine dans la nécessité d'un engagement

---

1. *S. W.*, II, 86, 115, 117. Lask, *Werke*, I, p. 205-211.

dans la communauté. Et Lask poursuit en concluant son analyse en ces termes :

> Nous achoppons ici à un niveau d'analyse complètement divergent dans sa structure par rapport à la première *Doctrine de l'Éthique*, dans la mesure où maintenant une norme éthique est pensable qui ne trouve plus exclusivement son expression dans un concept de la raison abstraite… Seul celui qui n'examine que la plus ancienne époque de la *Doctrine de la Science* peut donc penser que Fichte n'a jamais dépassé le « Pathos de l'Universel ».

Or cette conclusion de Lask a de quoi nous surprendre, s'il est vrai que ce qu'il met en lumière n'entre en rien en contradiction avec ce que nous avons vu dans la *Destination du Savant* de 1794. Sans doute faut-il reconnaître que l'égalité parfaite entre les individus, conçue comme idéal de l'histoire des hommes, ne tient guère compte de la valeur éternelle de l'individualité, et que d'autre part Fichte laisse dans l'ombre plus d'un problème posé par cette notion. Mais Lask nous semble victime d'une classification schématique de trois périodes dans la pensée de Fichte : l'universalisme abstrait, ou philosophie du Moi ; la période métaphysique, ou philosophie de l'Être ; enfin, la période tardive, ou philosophie de l'Absolu. En fait les principaux thèmes et les principales orientations de la philosophie fichtéenne de l'histoire apparaissent dès le début, même si leur formulation a varié, conformément à l'idée que Fichte reprenait à Leibniz, à savoir que la même idée peut s'exprimer dans des langages différents sans perdre son unité. Pour penser que Fichte a commencé par refuser à l'individualité toute valeur prééminente, il faut n'avoir pas lu la péroraison de la troisième conférence : « Je puis dès que je veux embrasser la tâche sublime qu'ils (les bienfaiteurs de l'humanité) avaient prise en charge ; … je puis rapprocher de son achèvement le temple sacré qu'ils ont dû laisser inachevé… En entreprenant cette grande tâche, j'ai attiré à moi l'éternité ». Il faut n'avoir pas lu non plus les termes dans lesquels Fichte parle de l'homme vraiment libre : « Sous son regard, nous respirons plus librement ; nous ne nous sentons limités, retenus, ni opprimés par rien ; nous sentons un plaisir inhabituel à être et à faire tout ce que le respect de nous-mêmes ne nous interdit pas »[1] ; il faut n'avoir pas remarqué comment Fichte loue Rousseau pour l'action qu'il a eue sur les révolutionnaires français ; il faut n'avoir pas cerné le rapport que nous avons établi entre le progrès de chacun et le progrès de tous.

Ainsi, pour conclure sur ce problème, nous pouvons appliquer à la *Destination du Savant* ce que Lask disait de la période métaphysique de la pensée fichtéenne :

> Fichte a ici trouvé une solution unique en son genre au problème de l'individualité : l'individuel unique, autonome et achevé en soi, est l'universel, et chaque figure singulière se dissout d'elle-même, mais pas dans une généralité qui prend corps en elle et devrait au fond être indifférente à son unicité et à son originalité, mais dans un Tout qui englobe et confirme par son individualité celle de son membre.

Il semble que sur ce point Bergson ait retrouvé l'inspiration fichtéenne quand il montre comment le héros moral, dans son épanouissement individuel même, retrouve l'aspiration profonde de l'humanité universelle.

---

1. *S. W.*, VI, 309 ; *G. A.*, I, 3, 39.

LES ÉTAPES DU DÉVELOPPEMENT HISTORIQUE

L'évolution de l'humanité est conçue par Fichte comme un progrès, mais ce progrès n'est pas sans difficultés. Le texte de la *Destination du Savant* nous permet de distinguer les principaux obstacles au progrès, ainsi que des perspectives sur la fin de l'État et la fin de l'histoire elle-même.

L'histoire de l'humanité peut être divisée en deux périodes, la première où règne la subordination entre les hommes, fondée sur des rapports de force ; la seconde où s'établit la coordination qui permet à la tendance à la sociabilité de s'épanouir. Pour nous, « Nous sommes esclaves et voulons rester esclaves », dit Fichte[1]. Nous ne sommes pas encore sortis de la première phase. Nous sommes encore dans l'enfance de l'humanité, l'histoire elle-même n'ayant commencé, comme nous l'avons vu dans la péroraison de la troisième conférence, qu'au moment « où le premier homme est parvenu à la pleine conscience de son existence ». La première étape du progrès se fait donc à partir de la prise de conscience de l'existence pure et simple jusqu'à la prise de conscience effective de la liberté. « Nous ne sommes même pas encore mûrs au sentiment de notre liberté et de notre activité indépendante ; car alors nous devrions nécessairement vouloir contempler en dehors de nous des êtres semblables à nous, c'est-à-dire des êtres libres ». Dans cette phase, le progrès rencontre des difficultés : « La nature est grossière et sauvage sans la main de l'homme, et elle devait être ainsi pour que l'homme fût contraint de sortir de l'inerte état de nature, et de la façonner... l'homme est de nature paresseux et indolent, à la façon de la matière dont il est né. Alors s'élève le rude combat entre le besoin et la

---

1. *S. W.*, VI, 309 ; *G. A.*, I, 3, 38-39.

mollesse »[1]. L'inertie de la nature en général et de la nature humaine est donc le premier obstacle qui fait que le progrès ne peut s'établir d'abord que dans la lutte et le combat. Un second obstacle s'oppose à la marche de la culture : si en apparence l'homme le meilleur n'a aucune influence sur ses semblables moins cultivés, c'est qu'il « se tient peut-être à trop de degrés au-dessus de l'inculte ; qu'ils ont entre eux trop peu de points de contact, … qu'ils peuvent trop peu agir l'un sur l'autre… »[2]. Le progrès se fondant sur la communication entre les hommes, il est clair que tout ce qui empêche celle-ci freine puissamment la marche en avant de l'humanité. Enfin il peut aussi y avoir des hommes qui volontairement entravent cette marche ; mais, selon Fichte, il n'est pas sûr que de tels monstres existent et ils sont forcés de cacher leur volonté[3].

Mais il y a un remède aux obstacles qui entravent le progrès humain. C'est pourquoi Fichte refuse l'idée que la guerre soit un mal nécessaire permettant aux hommes de progresser peu à peu. Kant, dans l'*Idée d'une Histoire Universelle au point de vue Cosmopolitique*, parue dans la *Berlinische Monatsschrift* en 1784, écrivait : « L'homme veut la concorde, mais la nature sait mieux que lui ce qui est bon pour son espèce : elle veut la discorde »[4]. Et ceci aussi bien vaut pour l'humanité entière et les États qui la composent : « par le moyen des guerres, des préparatifs excessifs et incessants en vue des guerres… la nature… pousse les États à… sortir de l'état anarchique de sauvagerie pour entrer dans une Société des Nations »[5]. C'est

1. *S. W.*, VI, 343 ; *G. A.*, I, 3, 65.

2. *S. W.*, VI, 307 ; *G. A.*, I, 3, 37.

3. *S. W.*, VI, 328 ; *G. A.*, I, 3, 54.

4. Kant, La philosophie de l'hsitoire, introd. et notes S. Piobetta, Paris, Aubier, 1947, *Quatrième proposition*, trad. Piobetta, p. 32 (Méditations).

5. *Septième proposition*, p. 36.

dans la *Contribution*... que Fichte répond le plus clairement à cet argument : « La guerre, dit-on, cultive, et il est vrai qu'elle élève nos âmes à des actes et à des sentiments héroïques... La guerre n'élève à l'héroïsme que des âmes qui ont déjà la force en elles ; elle incite le vil à piller et à soumettre le faible sans défense... »[1]. En fait, pour Fichte, tout peut être moyen de se cultiver ; mais il faut poser la question : « ces moyens ont-ils été utilisés ? » et l'on s'aperçoit alors que la guerre empêche le plus souvent les hommes de progresser dans le chemin de la culture. Le progrès qui a été réalisé vient, non pas des guerres, mais de ce que la nature de l'homme ne saurait jamais rester en repos. La guerre apparaît alors comme la conséquence néfaste de ce besoin d'action qui peut par ailleurs causer les plus grands progrès.

La fin de l'État appartient à la seconde phase de l'histoire des hommes, celle où s'instaurent enfin des rapports de coordination. Le passage de la seconde conférence où Fichte expose son point de vue sur la relativité de l'utilité de cette espèce particulière de société empiriquement conditionnée qu'on nomme État, fit grand bruit et fut la source de la polémique que nous avons signalée. « La vie dans l'État ne fait pas partie des buts absolus de l'homme, quoi qu'en dise un très grand homme », dit Fichte[2]. Ce très grand homme est Kant qui écrivait, dans le texte déjà cité : « L'essence de tout gouvernement consiste en ceci : que chacun s'occupe lui-même de son bonheur et qu'il ait la liberté de rentrer en commerce avec tout autre dans cette intention. » Et par conséquent, Kant exprimait l'espoir qu'« après maintes révolutions et maints change-

1. *S. W.*, VI, 90-91.
2. *S. W.*, VI, 306-307 ; *G. A.*, I, 3, 37. *Cf.* introduction historique, Le retentissement immédiat de l'œuvre, § 2. Les rapports de Kant et de Fichte.

ments, finalement, ce qui est le dessein suprême de la nature, un État cosmopolitique universel arrivera un jour à s'établir ». La fin ultime de la nature apparaît donc comme cette forme élargie des États partiels actuels, mais il n'est pas radicalement d'un autre ordre que ce que nous voyons dans les faits. Pour Fichte au contraire, « c'est le but de tout gouvernement de rendre le gouvernement superflu ». Autrement dit, un bon gouvernement travaillera à établir les rapports de coordination entre les hommes, et ces rapports une fois établis n'auront plus besoin de l'État. En effet, Fichte conçoit l'État comme une force contraignante dont le seul but est de maintenir la cohésion entre des hommes qui ne sont pas encore arrivés au point de se respecter spontanément les uns les autres.

« L'État, comme toutes les institutions humaines qui ne sont que des moyens, vise sa propre négation », écrit Fichte dans sa seconde conférence. Là est l'origine de ce qu'on peut prendre pour un anarchisme mais qui n'est en fait qu'une panarchie de la raison humaine placée au-dessus de toutes les institutions où elle risquerait de se figer en s'y incorporant. Cette raison est toujours au-delà de ses œuvres et le progrès exige que celles-ci changent et se succèdent. Les formules de la *Contribution...* sont sur ce point décisives : « Si le but final de l'humanité pouvait jamais être parfaitement atteint, il n'y aurait plus besoin de constitution politique ; la machine s'arrêterait puisqu'aucune pression n'agirait plus sur elle. La loi universellement valable de la raison unirait tous les hommes en vue de la suprême unanimité de sentiment et nulle autre loi n'aurait plus à veiller sur leurs actions ». Et le rôle purement instrumental des constitutions et des États eux-mêmes est souligné : « Une mauvaise constitution qui s'oppose à la nécessaire fin dernière de toute association civile doit être modifiée ; une bonne constitution qui la favorise se modifie d'elle-même... la clause du contrat social qui le dirait immuable serait donc en flagrante contradiction avec l'esprit de l'humanité »[1]. Commentant ces beaux textes, Jules Barni écrit : « L'humanité étant donnée, je conçois bien un État idéal ; mais je ne conçois pas comme idéal d'une société humaine l'absence de tout État. Fichte oublie donc ici les conditions de l'humanité et, quoi qu'il en dise, son idéal n'est qu'un beau rêve »[2]. En fait le point de vue de Fichte est tout entier suspendu à l'idéal d'*Uebereinstimmung*, qu'on peut ou non admettre, mais qui exige que l'unité entre les hommes se fasse d'elle-même si ceux-ci sont arrivés à leur perfection. La perfection de chaque individu est en union avec la perfection de tous, et c'est pourquoi l'État n'est qu'une étape dans le progrès humain.

Cette fin de l'histoire humaine, il faut maintenant la préciser. Sans doute est-elle fort éloignée, car « l'humanité paraît ne pas être encore sortie de l'âge où l'on apprend à rougir ; car autrement elle se vanterait moins de ses exploits d'enfant, et elle attacherait moins de prix à les compter »[3], écrit Fichte dans la *Contribution...* Et, à propos de la fin de l'État, il précise, dans la seconde conférence : « Pour l'instant ce moment n'est sûrement pas encore arrivé – et je ne sais pas combien de myriades d'années ou de myriades de myriades d'années peuvent se passer jusqu'à ce moment-là »[4]. Il n'en reste pas moins que Fichte dresse un tableau précis de cette fin de l'histoire, dans la mesure où elle est l'éternité vers laquelle les hommes marchent dans l'action et l'effort. C'est l'effort qui est la seule chose absolument nécessaire : il se peut que le

1. *S. W.*, VI, 102-103 ; *G. A.*, I, 1, 253-254.
2. Introduction à la traduction de ce texte.
3. *S. W.*, VI, 67.
4. *S. W.*, VI, 306 ; *G. A.*, I, 3, 37.

résultat ne suive pas; mais qu'importe? si l'homme a fait l'effort voulu, « il est délié de ses devoirs envers le monde des phénomènes et on lui tient compte de sa sérieuse volonté comme si elle avait été accomplie »[1]. S'opposant à Rousseau, Fichte écrit que l'état de nature est en fait l'idéal vers lequel doit marcher l'humanité, et qu'il ne faut pas oublier que « l'humanité ne peut et ne doit s'approcher de cet état que par le souci, la peine et le travail ». Et il insiste avec éloquence : « Il n'y a pas de salut pour l'homme tant qu'il n'a pas combattu avec succès cette indolence naturelle, et tant que l'homme ne trouve pas dans l'activité et seulement dans l'activité ses joies et tout son plaisir »[2]. Et l'on a souvent cité cette exhortation fameuse : « Agir! Agir! voilà pourquoi nous sommes là »[3].

Dans cette perspective, le rôle du savant est exaltant : « Je suis appelé à rendre témoignage à la vérité; ce qui dépend de ma vie et de mon sort n'est rien; ce qui dépend des actions de ma vie et de mon sort est une foule infinie de choses. Je suis un prêtre de la vérité, je suis à sa solde… »[4]. Le ton oratoire de ces lignes faisait sans doute naître une vive émotion chez les étudiants admiratifs écoutant leur maître. Il ne doit pas nous faire oublier cependant qu'il correspond à une réalité profonde, la même que celle qui anime toute l'œuvre de Platon : « Le savant est tout particulièrement déterminé pour la société : en tant que savant… il n'est là que grâce à la société et pour la société… »[5]. Et sa véritable destination est de « surveiller d'en-

1. *S. W.*, VI, 329; *G. A.*, I, 3, 55.
2. *S. W.*, VI, 34; *G. A.*, I, 3, 65.
3. *S. W.*, VI, 345; *G. A.*, I, 3, 67.
4. *S. W.*, VI, 333; *G. A.*, I, 3, 58.
5. *S. W.*, VI, 330; *G. A.*, I, 3, 55.

haut le progrès effectif de l'humanité en général, et de favoriser sans relâche ce progrès »[1].

La richesse et la fécondité des idées exprimées dans ces conférences n'ont pas besoin d'être soulignées davantage. Sans doute n'excluent-elles pas des erreurs, comme celle qui fait dire à Fichte que le progrès entraînera une diminution des besoins de l'homme. Cependant un tel texte peut grandement favoriser la compréhension de la « première philosophie » de Fichte, dans la mesure où celui-ci exprime d'une façon simple les principales orientations de sa pensée et le dessein d'ensemble qu'il envisage. Dans son Avant-Propos, il écrit : ces conférences... « sont l'introduction à un tout que l'auteur veut achever et présenter en son temps au public. » C'est nous dire qu'elles sont comme une propédeutique aux *Principes de la Doctrine de la Science*. Comment ne pas s'étonner alors que certains auteurs, qui comme J. Dreschler, dans son livre *Fichtes Lehre vom Bild*, prétendent dresser un tableau complet de l'évolution de la pensée de Fichte en situant chaque œuvre à sa juste place, ne fassent même pas mention de ces conférences? Il apparaît au contraire que, comme MM. Lauth et Philonenko l'ont souligné, le problème de la destination du savant gouverne véritablement l'ensemble des préoccupations de Fichte. Dès lors ces conférences ne sauraient être considérées ni comme un écrit d'occasion, ni même comme un écrit secondaire. Au contraire, on peut aisément déceler dans ces textes les deux directions qui traversent la pensée fichtéenne et sont intimement liées, le problème de la liberté transcendantale et le problème de la liberté politique.

---

1. *S. W.*, VI, 328; *G. A.*, I, 3, 54.

INDEX RERUM – GLOSSAIRE

Cet index est établi sur la base des termes de la traduction française, suivis de leur équivalent, ou de leurs équivalents, dans le texte allemand original. Les numéros de page sont ceux de la traduction du présent volume.

TABLE DES MATIÈRES

COMMENTAIRE

Imprimé en France par CPI
en janvier 2016
Dépôt légal : janvier 2016
N° d'impression : 133171